Uwe Horst
Karl Peter Ohly (Hg.)

Lernbox
Lernmethoden – Arbeitstechniken

FRIEDRICH VERLAG

Impressum

Die Deutsche Bibliothek — CIP-Einheitsaufnahme

Ein Titeldatensatz für diese Publikation ist bei der Deutschen Bibliothek erhältlich

Uwe Horst/ Karl Peter Ohly (Hg.): Lernbox. Lernmethoden — Arbeitstechniken.

© 2000 by Friedrich Verlag, 30926 Seelze/Velber
2. Auflage (6.–10. Tausend) März 2001
Alle Rechte vorbehalten. Ohne schriftliches Einverständnis des Verlags darf kein Teil dieses Werkes in irgendeiner Weise veröffentlicht oder in elektronische Datensysteme aufgenommen und gespeichert werden.

Redaktion: Hubertus Rollfing (V.i.S.d.P.), Karin Wedde
Gestaltung und Realisation: Friedrich Medien-Gestaltung
Druck: Jütte Druck, Leipzig. Printed in Germany
ISBN 3-617-92190-6

Inhaltsverzeichnis

Einleitung   5

Planen und Organisieren

Den eigenen Stil finden   7
Vom Arbeitsplan zum Referat   10
Kursordner   13
Mitplanung des Unterrichts   14
Referatthemen finden und formulieren   18
Forschen lernen — Forschen planen   21
Auslandsaufenthalt   24

Informations- und Materialbeschaffung

Internetrecherche   29
Literaturrecherche in Bibliotheken   36
Arbeit im Archiv   39
Historische Museen und Ausstellungen   42
Oral history   46
Mitschreiben und Mitschrift   52

Mit Texten/Material umgehen

(Spiel-)Filmanalyse   57
Bildbeschreibung und -analyse   62
Zeitungs- und Nachrichtenanalyse   66
Bearbeitung von Sachtexten   70
Musik beschreiben   72
Begriffserklärungen   76
Textzusammenfassung   78
Textvergleich   80
Textmarkierungen   82
Naturwissenschaftliche Versuchsprotokolle   85

Interview-Technik	88
Interpretation historischer Quellen	92
Analyse sozialwissenschaftlicher Theorie	96

Schreiben und Darstellen

Einstieg beim Schreiben	99
Die Angst vorm weißen Blatt	102
Gliederungsstrategien	105
Thesenpapier	108
Merkpunkte zum Abfassen schriftlicher Arbeiten	109
Literaturangaben, Zitate und Fußnoten	112
Sozialbiografie	116
Rezension	118

Kommunikation und Präsentation

Kleingruppenarbeit	121
Projektarbeit	124
Rollenspiel	128
Einen Vortrag halten	132
Feedback geben	134
Visualisierung und Posterpräsentation	136

Die „persönliche" Seite des Lernens

Konzentration beim Lesen	139
Entspannungsübungen	142
Selbstständigkeit im Unterricht	146
Lerntagebuch	150
Nervosität und Lampenfieber	156

Herausgeber und Autoren der **Lernbox. Lernmethoden – Arbeitstechniken** sind Lehrende des Oberstufen-Kollegs an der Universität Bielefeld.
Universitätsstr. 23, 33615 Bielefeld, Tel.: 05 21/1 06 28 60

Einleitung

Was soll man lernen? Das meiste vergisst man ohnehin. Wenn man Lernen am Stoff orientiert, ist man verloren — es gibt eh viel zu viel Stoff — und alles soll gelernt werden! Das liegt allerdings nicht nur an überfrachteten Lehrplänen oder an übereifrigen LehrerInnen: Alle zehn Jahre verdoppelt sich unser Wissen, wir sind global vernetzt und jeden Abend berichtet das Fernsehen aus aller Welt. Zudem veraltet Wissen in manchen Bereichen schneller, als es in Lehr- oder Schulbüchern erscheint.

Was tun in dieser Situation? Eigene Kriterien für Wichtiges und Unwichtiges entwickeln, bewusst und nach eigenen Interessen auswählen und Schwerpunkte setzen, die Aneignung und den Umgang mit Wissen überdenken, sich Lese- und Arbeitstechniken aneignen — kurz: das Lernen lernen!

Die **Lernbox. Lernmethoden - Arbeitstechniken** gibt dazu vor allem auf der methodischen Ebene zahlreiche Ratschläge und konkrete Tipps. Sie reichen von Hinweisen, wie man mit der Fülle der Informationen umgehen und seine eigene Arbeit organisieren kann, bis zu detaillierten, fast handwerklichen Arbeitsanweisungen für bestimmte, in Schule und Studium immer wiederkehrende Aufgaben. Dennoch bleibt es eine Auswahl möglicher Arbeitsanleitungen. Die Anordnung der einzelnen Texte folgt dem Ablauf des Arbeits- und Lernprozesses: von der **Planung** über die **Informationsbeschaffung** und **-aufbereitung** bis zur eigenen **Produktion** und **Präsentation**. Am Schluss steht noch ein Kapitel mit sehr **persönlichen Aspekten** des Lernens und Präsentierens: Hier geht es um Nervosität und Entspannung, um Reflexion des eigenen Lernprozesses und um Konzentration.

Die folgenden Seiten sind eher Anregungen dafür, wie man das schwierige Geschäft des Lernens selbst in die Hand nehmen kann. Und da die Menschen verschieden sind, gibt es auch verschiedene Lern- und Arbeitsstile: Jede(r) muss selbst ausprobieren, wie sie (oder er) am besten lernt!

Angesichts der Vielzahl von Büchern mit umfangreichen Arbeitsanleitungen zu den verschiedensten Sachbereichen ist die **Lernbox. Lernmethoden - Arbeitstechniken** ein eher begrenzter und knapper Leitfaden, der aber vielleicht gerade deshalb benutzerfreundlich ist. Jeder der folgenden Texte hätte auch den drei- oder vierfachen Umfang haben können. Manches ist deshalb auch nur angedeutet oder etwas holzschnittartig knapp geraten.

Diese Sammlung von Arbeitsanleitungen ist zunächst in sehr viel knapperer Form als Beilage zu dem Jahresheft des Friedrich Verlags 1997 „Lehrmethoden — Lernmethoden" erschienen. Weil dieses Heft eine so freundliche Aufnahme gefunden hat, erscheint es nun erheblich erweitert als eigene Veröffentlichung. Wir möchten an dieser Stelle den KollegInnen, die an der Herstellung der Manuskripte beteiligt waren, herzlich danken.

Für das Autorenteam:
Uwe Horst und Karl Peter Ohly

Planen und Organisieren

... sind Voraussetzung effektiven Arbeitens — allerdings gibt es dabei keinen „Königsweg", sondern allenfalls den je individuellen Stil (**Den eigenen Stil finden**). Die Vorschläge zur systematischen Themenfindung (**Referatsthemen finden und formulieren**) und präzisen Arbeitsplanung für ein Referat (**Vom Arbeitsplan zum Referat**) sowie zum Forschungsdesign für ein naturwissenschaftliches Projekt (**Forschen lernen — Forschen planen**) zeigen exemplarisch, wie in verschiedenen Fächern das Vorgehen individueller Arbeit aussehen kann. Dagegen enthält das Kapitel **Mitplanung des Unterrichts** Tipps für die gemeinsame Planung von Unterricht durch SchülerInnen und Lehrende. Für das leidige Problem der Ordnung von Kursunterlagen bietet das Kapitel **Kursordner** Abhilfe, während **Auslandsaufenthalt** Tipps zur Planung eines solchen Vorhabens zum Spracherwerb gibt.

Den eigenen Stil finden

Ludwig Huber

Zur Einstimmung eine — wahre! — Geschichte: Ein gutes Dutzend Hochschullehrer war zu einem Seminar zusammengekommen, um über das Thema „Anleitung zum selbstständigen wissenschaftlichen Arbeiten" zu sprechen. Die Anfangsdiskussion schwirrte von Sätzen wie: „Die Studierenden müssen vor allem lernen, nicht alles auf den letzten Tag zu verschieben!" — „Der Schreibtisch muss eben ordentlich aufgeräumt sein!" — „Immer noch mit Radio daneben, so geht eben geistige Arbeit einfach nicht!" — „Die müssen erst einmal gesagt bekommen, wie man ein Referat aufbaut: Fragestellung, Problemexposition, Literatursuche und -sichtung usw.!" — „Und dass man zuerst einmal exzerpiert!"

Dann bat der Seminarleiter, dass jeder einmal beschreiben sollte, wie er selbst wissenschaftlich arbeitet. Und siehe da: Der eine arbeitete am besten nachts, die andere nachmittags, die eine musste auf ihrem Schreibtisch äußerste Ordnung haben, bei dem anderen stapelten sich die aufgeschlagenen Bücher übereinander, dieser brauchte ständig (klassische!) Hintergrundmusik und Kaffee, jene Kräutertee und äußerste Ruhe (Telefon abgestellt), diese zog die private Sphäre, jener die nüchterne Bibliothek vor, der eine baute seine Arbeiten systematisch auf, die andere kam durch vielfältiges Schmökern und „chaotische" Skizzen zum Ziel. Beträchtliche Unterschiede in den Arbeitsweisen also, aber: Sie alle hatten es immerhin bis zum Hochschullehrer gebracht. Was „lernt uns das"? Die Ratschläge zum Lernen lernen und wissenschaftlichen Arbeiten sind eine Sache, die **individuellen Praktiken** eine andere. Die zahlreichen und weit verbreiteten Ratgeberbücher zu diesem Thema sind voll von Regeln und Standards und haben auch jeweils gute Gründe dafür. Aber sie erschrecken dadurch auch: Bin ich eigentlich unfähig und zur Erfolglosigkeit verdammt, wenn ich es selbst doch anders mache?

Rahmenbedingungen

An den Biografien großer Schriftsteller und Wissenschaftler kann man illustrieren, wie unterschiedlich sie gearbeitet haben. Es gilt also, den eigenen Stil zu finden. Einige Anleitungen findet man dazu auch in den Ratgeberbüchern: Viele erwähnen den **„Biorhythmus"**, also die je nach individueller Konstitution merklich verschiedenen Kurven der Arbeitsfähigkeit: Ob man sich vormittags oder abends am besten konzentrieren kann, in welchen „müden" Stunden man eher mechanische Tätigkeiten (Aufräumen, Literaturangaben notieren, Exzerpte machen) unterbringt, das muss jeder bei sich selbst herausfinden. Natürlich gilt das auch für den **Arbeitsplatz:** die Sitzhöhe, die Beleuch-

Jede(r) arbeitet anders!

individuelle Arbeitsweisen

tung, Zimmertemperatur, Pausenrhythmus — und reicht, wenn es darauf ankommt, bis hin zur richtigen Ernährung zu den richtigen Zeiten. Ob man wirklich im Sofa so effizient liest wie am Schreibtisch, ob die Radiomusik im Hintergrund die Aufmerksamkeit wirklich stimuliert, ob man die ganze Zeit Kaffee braucht: Das kann man erst wissen, wenn man es einmal eine Weile lang anders herum probiert hat. Wenn man aber erst einmal in diesen Punkten über sich Bescheid weiß, dann sollte man sich **die erprobten Arbeitsformen und -zeiten „zur Gewohnheit machen"**, einfach um sich von immer neuen Entscheidungen und moralischen Anstrengungen zu entlasten.

Lernstile

individuelle Strategien

Aber individuelle Unterschiede bestehen nicht nur in solchen natürlichen Veranlagungen. Mehr und mehr hat die Psychologie herausgearbeitet, dass Lerner sich auch in **„kognitiven Stilen"** und **„Lernstrategien"** unterscheiden. Das kann man z. B. daran beobachten, wie sie sich an die Aufgabe, einen neuen Text zu erschließen, heranmachen: Nach dem allerersten Durchblättern oder Überfliegen, was logischerweise wohl fast jeder tut, beginnt der eine, sich langsam und gründlich Schritt für Schritt in den Text hineinzulesen, während die andere es vorzieht, ihn erst einmal ziemlich rasch und zügig durchzulesen, um sich eine Vorstellung vom Ganzen zu verschaffen, bevor sie z. B. Verständnisprobleme im Einzelnen löst oder wichtige Stellen markiert und exzerpiert. Beide Stile haben ihre Berechtigung (und ihre Nachteile, wenn sie ins Extrem getrieben werden), beide können im Prinzip zum Erfolg führen. Allerdings hängt es nicht nur von der individuellen Vorliebe, sondern auch vom **Ziel der Arbeit** ab. (Geht es darum, sich alle nötigen Begriffe oder Fakten für eine Prüfung einzuprägen oder darum, zu einer eigenen Strukturierung eines noch offenen Problems zu kommen?) Deswegen ist am günstigsten dran, wer **seine eigene Stärke** kennt, die jeweils andere Strategie aber doch, je nach Situation, auch einsetzen kann.

Schreiben

Anlässe

Das gilt auch für das Schreiben von kleineren oder größeren Arbeiten, wo es ähnliche Vorlieben zum sorgfältigen Sich-Voranarbeiten oder aber zur raschen Skizze des Ganzen gibt. Hier räumt heutzutage das Schreiben mit dem Computer, bei dem späteres Umformulieren und Umstellen von Texten so leicht ist, Entscheidungsbarrieren weg: Auf ihm kann man ja leicht erst einmal ganz flüchtig schreiben oder einen interessanten Abschnitt schon genau formulieren, auch wenn man noch nicht alle vorangehenden Teile ausgeführt hat.
So ähnlich verhält es sich auch mit einer ganz anderen Frage des Lernens und Arbeitens: Noch Studierende höheren Semesters erklären zuweilen „Für mich ist **Gruppenarbeit**

nichts!" oder umgekehrt „Ich kann einfach nicht allein arbeiten!", ohne sich auf die andere Situation einmal wirklich eingelassen zu haben, vielleicht weil ihnen schon eine flüchtige negative Erfahrung ein für alle Mal genügte.

Fazit

Trotzdem: Nicht einfach weitermachen!

Seinen eigenen Stil finden heißt nicht: Einfach das weiterzumachen, was man, aus welchen zufälligen Gründen auch immer, immer schon gemacht hat.
Es heißt vielmehr: Wahrzunehmen, dass der Vorrat möglicher Lernstrategien viel größer ist und jeweils andere auch einmal zu **probieren** und so zu erfahren, womit man selbst am besten fährt. Wenn man sich nicht einschüchtern lässt: Für das Finden und Ausprobieren von Alternativen können die Ratgeberbücher hilfreich sein (auch darin gleichen sie Kochbüchern). Wichtiger aber noch ist der Erfahrungsaustausch mit Mitschülern, die vor den gleichen Problemen stehen, aber sie jeweils anders zu lösen versuchen.

Literatur

Hülshoff, F./Kaldeway, R.: Mit Erfolg studieren. München 1993[3].
Vollmer, G./Hoberg, G.: Lern- und Arbeitsstrategien. Stuttgart 1988.

Vom Arbeitsplan zum Referat

Hans-Hermann Schwarz

Jeder kennt das: Das Schreiben eines Referates ist ein reizvolles, aber auch anspruchsvolles Unterfangen, das oft Schwierigkeiten bereitet. Zum einen sind dafür die **inhaltlichen Aspekte** (Lesen, Exzerpieren, Fragestellung und Gliederung erstellen, Argumentationsgang entwickeln, usw.) zu berücksichtigen. Zum anderen ist aber auch die Entfaltung der eigenen **Arbeitsökonomie** (Wie mache ich was und in welcher Reihenfolge?) notwendig, um eine solche Aufgabe zu bewältigen. Hierbei kann ein Arbeitsplan helfen, der die notwendigen Schritte und deren sinnvolle zeitliche Abfolge angibt.

Berücksichtigung von

Der Arbeitsplan

Idealtypisch lässt sich der Arbeitsplan für eine vierwöchige Bearbeitungszeit in vier Arbeitsschritte unterteilen.

Dieser Arbeitsplan ermöglicht zwar ein selbstständiges Arbeiten, macht aber die regelmäßige Kommunikation mit dem betreuenden Lehrer nicht überflüssig.

Selbstständigkeit und Betreuung

Die einzelnen Schritte des Arbeitsplans sollen exemplarisch erläutert werden durch Beispiele aus einem Theoriekurs des Fachs Sport mit dem Rahmenthema:
Fußball — unser Leben?

1. Schritt

Aus mehreren Themenbereichen, die das Rahmenthema entfalten, ist ein Bereich auszuwählen. Zunächst sollte der gewählte **Themenbereich** durch Aktivierung eigenen Wissens und durch Fragen erschlossen werden, erst dann sollte die zu verwendende Lektüre gelesen werden. Absicht ist es, sich aktiv einen eigenen Zugang zum Thema zu erschließen und das Ergebnis in einer **ersten Disposition** festzuhalten:

auswählen und erschließen

Fußball — unser Leben? (Rahmenthema)
Fußball in anderen Ländern und Kulturen (Themenbereich)
— Fußball wird in der ganzen Welt gespielt
— Ist Fußball überall gleich? (gleiche Regeln)
  • internationale Spiele von Mannschaften
  • keine Sprach- und Rassengrenzen
— Worin können Unterschiede bestehen?
  • geografische Unterschiede (Südamerika/Europa)
  • Stellenwert des Fußballs, z. B.: USA/Italien
— Wie entwickelt sich Fußball weltweit?

Die anschließende **Lektüre** der zu bearbeitenden Texte bietet die Gelegenheit zur weiteren Entfaltung und Strukturierung des Themenbereichs und mündet in die Entwicklung einer **zweiten Disposition:**

entfalten und strukturieren

— Fußball als weltweit verbreitete Sportart
— Fußball in Italien (Beispiel Neapel)
  • historische Entwicklung
  • Besonderheiten

1. Schritt:	— gewählter Themenbereich als Ausgangspunkt einer **ersten Disposition** durch Ermittlung eigenen Wissens und Formulierung von Fragen zum Themenbereich
	— mehrfache sorgfältige **Lektüre** der ausgewählten Literatur (Lesen, Unterstreichen, Exzerpieren, usw.)
	— Entwicklung einer **zweiten Disposition**
2. Schritt:	— Entwicklung der genauen **Themenformulierung** der Arbeit
	— Präzisierung der **Fragestellung** der Arbeit
	— ggf. erneute Lektüre der ausgewählten Literatur
	— Entwicklung einer dritten Disposition **(Gliederung)**
	— Skizzierung einer **Einleitung**
3. Schritt:	— Schreiben des Hauptteils der Arbeit
	— Beachten des **eigenen Argumentationsgangs** und der angemessenen sowie korrekten Verwendung **(Zitieren)** der zu berücksichtigenden Literatur
	— ggf. Revision und Präzisierung der Gliederung
	— endgültige Ausformulierung der **Einleitung**
4. Schritt:	— **Überarbeitung** des Konzeptes: inhaltlich, sprachlich und formal
	— **Fertigstellung der Arbeit** mit allen Bestandteilen (Deckblatt, Gliederung, darstellendem Text und Literaturverzeichnis)
	— **Textgestaltung** (Layout, Typografie, usw.)
	— Abgabe der fertigen Arbeit

— *Fußball in Spanien (Beispiel Barcelona)*
  • *historische Entwicklung*
  • *Besonderheiten*
— *Vergleich Neapel und Barcelona*
  • *Gemeinsamkeiten*
  • *Unterschiede*
— *Die weitere Entwicklung des Fußballs weltweit*

2. Schritt

Die weitere Arbeit richtet sich nun auf die Eingrenzung und Präzisierung der grundsätzlichen **Fragestellung** (Was will ich untersuchen und dem Leser mitteilen?) und auf die genaue **Themenformulierung:**

Fußballvereine im kulturellen Kontext. Das Beispiel S. C. Neapel und F. C. Barcelona. (Themenformulierung)

Inwiefern prägen landeskulturelle Einflüsse die Fußballvereine Neapel und Barcelona? Worin bestehen Gemeinsamkeiten? (Fragestellung)

Die folgende Erarbeitung einer **dritten Disposition** auf dem Hintergrund der präzisierten Fragestellung schließt mit der Entwicklung der Gliederung, dem eigentlichen **Plan der Arbeit,** ab:

eingrenzen

1. Einleitung
2. Der Zusammenhang von Fußball und Kultur in Neapel und Barcelona
2.1 Die Situation in Neapel
2.1.1 Die kulturelle Entwicklung aus historischer Sicht
2.1.2 Kulturelle Einflüsse auf den Verein SC Neapel
2.2 Die Situation in Barcelona
2.2.1 Die kulturelle Entwicklung aus historischer Sicht
2.2.2 Kulturelle Einflüsse auf den Verein FC Barcelona
3. Gemeinsamkeiten der kulturellen Einflüsse in beiden Vereinen
3.1 Der politische Einfluss auf das Vereinsleben
3.2 Die Identifikation der Einwohner mit dem Verein
3.3 Die Sonderstellung beider Städte in ihren Ländern
4. Fazit
5. Literaturverzeichnis

Skizze schreiben

Nun lässt sich auch bereits eine erste Skizze der **Einleitung** schreiben, aus der Fragestellung und Vorgehensweise deutlich werden:

Der Fußball ist weltweit eine der populärsten Sportarten und wird in ganz verschiedenen Kulturkreisen gespielt. Mein Anliegen in dieser Arbeit ist es, den Lesern zu verdeutlichen, dass Fußballvereine durch ihre jeweiligen landeskulturellen Einflüsse wesentlich mitgeprägt werden. Besonders bei den beiden Vereinen SC Neapel und FC Barcelona ist eine starke Verankerung in den jeweiligen landeskulturellen Traditionen festzustellen.
Diese Verbindung möchte ich aufzeigen und weiterhin dabei der Frage nachgehen, worin Gemeinsamkeiten der kulturellen Einflussnahme zu sehen sind.

3. Schritt

Nun beginnt die Phase des **Schreibens** des Hauptteils der Arbeit, um in eigenen Worten einen **Argumentationsgang** zur Beantwortung der Fragestellung zu entfalten und den eigenen Text mit Zitaten aus den zu bearbeitenden Quellen richtig zu belegen:

Obwohl mittlerweile eine demokratische Staatsform in Spanien vorherrscht, fordern die Katalanen immer noch den Autonomiestatus, wie z. B. 1979 nach dem Gewinn des Cups der Cupsieger durch den FC Barcelona. Laut Colomè forderten hiernach eine Million Katalanen die Autonomie. (vgl. Colomè 1991, S. 78).

Jetzt erfolgt auch die endgültige Ausformulierung der Einleitung.

4. Schritt

Die letzte Woche sollte zur Überarbeitung der Arbeit **(inhaltlich, sprachlich und formal)** in ihrer Gesamtheit genutzt werden. Diese notwendige Arbeit sollte möglichst frei von Zeitdruck erfolgen. So kann man sich dann u. a. auch den Fragen der Textgestaltung widmen.

genügend Zeit lassen

Literatur

Schwarz, H.-H.: Wie schreibt man eine Fußball-Facharbeit? In: Sportpädagogik, 1/1996, S. 49 ff.
Stückrath, J.: Der verborgene ‚böse Wolf'. Anregungen zum Lesen und Schreiben von Sachtexten. In: Diskussion Deutsch, 134/1993, S. 451 ff.

Kursordner

Helga Jung-Paarmann

Oft spielen im Unterricht nicht nur das Lehrbuch und die eigenen Notizen und Ausarbeitungen eine Rolle, sondern es fallen vielfältige Materialien an. Dann erleichtert es die Arbeit, wenn man seine **Unterlagen in eine sinnvolle Ordnung bringen** kann.

Ordnungsrubriken

Der folgende Vorschlag für die Führung eines Kursordners unterscheidet die zu ordnenden Materialien nach ihrem Verwendungszusammenhang und ihrer Verwendungsdauer. Dabei erweisen sich oft fünf Rubriken, die durch Zwischenblätter im Ordner voneinander getrennt werden, als nützlich:

(Ordnung nach Verwendungszusammenhang)

1. Rubrik: Notizen
Mitschriften im Unterricht, Notiz der Hausaufgaben, kurz alles, was nur für den unmittelbaren **Unterrichtszusammenhang** von Bedeutung ist und nicht längerfristig verwahrt werden soll.

2. Rubrik: Unterrichtsmaterialien
Reader, Kopien, Literaturhinweise, kurz alles, was als **zusätzliches Material** zu einem eventuellen Lehrbuch ausgegeben und im Unterricht bearbeitet wird.

3. Rubrik: Leistungsnachweise
Klassenarbeiten, Übungsblätter und sonstige eigene Ausarbeitungen zum Kurs.

4. Rubrik: Sonstiges Material
Zum Beispiel Arbeiten von anderen Kursteilnehmern, die aufbewahrt werden sollen.

5. Rubrik: Arbeitsblätter
Methodische Hinweise und sonstige Materialien, die nicht nur für den aktuellen Kurs, sondern auch für nachfolgende Kurse nützlich sind.

Wenn man seine Kursunterlagen so unterm Gesichtspunkt der Verwendungsdauer im Laufe des Kurses abgelegt hat, kann man am Kursende

(Ordnung nach Verwendungszweck)

— die Notizen (1.) **im Papierkorb** versenken. Solche, die dafür zu schade sind, gehören in eine der anderen Rubriken,
— die Rubriken 2., 3. und 4. werden abgeheftet und kommen **ins Regal**, falls man nochmals auf das im Kurs Erarbeitete zurückgreifen will,
— die Arbeitsblätter (5.) bleiben im Ordnen und werden **im nächsten Kurs** weiterverwendet.

Mitplanung des Unterrichts

Felix Winter

Also, ehrlich gesagt, dass SchülerInnen den Unterricht mitplanen, kommt bislang nicht häufig vor. Die meisten LehrerInnen haben noch nicht erkannt, dass vor ihnen Experten für Unterricht sitzen. (Wer erlebt schließlich täglich die verschiedensten Unterrichtsveranstaltungen?!) Auch die meisten SchülerInnen versprechen sich bislang nicht viel von Mitplanung. Dennoch, versuchen kann man es mal. Vielleicht lässt sich mancher Unterricht ja n(d)och lebendiger gestalten? Deshalb sind im Folgenden einige Formen der Mitplanung genannt, die Sie Ihren MitschülerInnen und LehrerInnen vorschlagen können.

Mitplanung bisher selten

überlegen, was sie heute machen wollen. Nicht zu vergessen sind die engagierten und häufig sehr beliebten LehrerInnen, die sicher ein **offenes Ohr** haben, wenn Sie eine Mitplanung des Unterrichts anregen.

Die Ziele sehen die meisten LehrerInnen durch die **Lehrpläne** als vorgegeben an. Diese Vorgaben müssen aber häufig gar nicht so eng gesehen werden. Bei den Inhalten ist es ähnlich. Bei den Methoden sind LehrerInnen freier. Also lohnt es sich, mit ihnen über Methoden und Inhalte des Unterrichts zu reden. Wer tiefer gehen will, kann natürlich auch mal einen Blick in die Lehrpläne werfen. Die müssten in jeder Lehrer- bzw. Schulbibliothek vorhanden sein.

Inhalte und Methoden eignen sich für Mitgestaltung

Unterrichtsplanung

In der Regel haben LehrerInnen es gelernt, an Unterrichtsziele, Unterrichtsinhalte und Unterrichtsmethoden zu denken, wenn sie ihre Kurse und Stunden vorbereiten. Manchmal denken sie auch an die **Voraussetzungen**, das Vorwissen, das die SchülerInnen mitbringen. An ihre eigenen Voraussetzungen denken sie seltener. Neben solchem geplanten Vorgehen ist aber auch die so genannte „Schwellenpädagogik" sehr verbreitet. Davon spricht man, wenn LehrerInnen sich auf der Türschwelle zum Klassenzimmer mal schnell

unterschiedliche Planungstypen

Vorbereitung

Bevor Sie einem Lehrer oder einer Lehrerin Ihre Mitplanung vorschlagen, setzen Sie sich erst einmal mit **ein paar Leuten** aus Ihrer Klasse bzw. Kurs zusammen und überlegen Sie sich Folgendes:
— Wie wird es im kommenden Kurs (Halbjahr) wahrscheinlich bei dieser Lehrkraft laufen?
— Was könnte gut laufen — wovon werden Sie etwas haben? Was wird ineffektiv, öde, grässlich werden?
— Wer von Ihnen hat schon einmal einen Unterricht in diesem Fach erlebt, der gut lief,

eigene Fragen

von dem man viel hatte? Wie war dieser Unterricht gestaltet, wie wurde da gearbeitet? Durch dieses Nachdenken können Sie ermitteln, welche/n LehrerIn Sie am ehesten für Ihr Vorhaben gewinnen können. **Diplomatie** ist nun angesagt! Wenn Sie bei der/dem ausgewählten LehrerIn gleich mit der Tür ins Haus fallen und sie/ihn vor vollendete Tatsachen stellen, wird diese/r mit Ablehnung und Widerstand reagieren. Fragen Sie also zunächst bei dem/der betreffenden LehrerIn an und diskutieren Sie Ihr Anliegen mit ihr/ihm. Wenn die/der LehrerIn von Ihrer Mitplanung überzeugt ist, können Sie sich für Ihr weiteres Vorgehen an der folgenden Übersicht orientieren:

Planungsschritte

1. Schritt: Kursübersicht

Sie bitten die/den LehrerIn, Ihnen einen Plan für den bevorstehenden Kursabschnitt bzw. das Schulhalbjahr zu geben, um darüber sprechen zu können. Fragen Sie auch, wo Ihre Mitplanung akzeptiert bzw. erwünscht ist und wo nicht. Wenn möglich, sollte der Kursplan — wenn er vorliegt — zuerst in kleinen Gruppen besprochen werden, die auch Vorschläge erarbeiten.

Kursplan diskutieren

2. Schritt: Planungsphase vereinbaren

Nachdem klar geworden ist, wo der Hase in diesem Kurs hinlaufen soll, wird eine Planungsphase vereinbart (z. B. 1–2 Stunden). Da können dann — zuerst in kleinen Gruppen Übungen wie die oben beschriebene stattfinden. Außerdem können (auf Plakaten) Wünsche gesammelt werden: Welche Themen Sie interessieren, wie Sie gerne arbeiten möchten, was Sie von der/dem LehrerIn erwarten, welche Formen der Leistungsfeststellung, -bewertung und -rückmeldung Ihnen wichtig sind, wofür Sie sich viel Zeit wünschen, u. a. m. Über bestimmte Absichten können Vereinbarungen (so genannte **Kontrakte**) **ausgehandelt** und im Klassenzimmer aufgehängt werden.

Wunschsammlung

Noch ein Tipp: Passen Sie auf, dass Sie von der Lehrkraft nicht auf Dinge festgenagelt werden, die eigentlich keiner will, von denen es aber heißt: „Das haben wir so vereinbart."

3. Schritt: Halbzeitreflexion

Jedes Fußballspiel hat seine Halbzeit. Dann muss z. B. **über die Strategie nachgedacht** werden — gemeinsam. Meistens lässt sich zur „Halbzeit" auch in Kursen genauer sagen, was gut gelaufen ist und welche Arbeitsweisen nichts brachten. Natürlich kann das für verschiedene SchülerInnen unterschiedlich sein. Zu diesem Zeitpunkt können die Kursteilnehmerinnen oft sehr genau sagen, was besser gemacht werden könnte. Wenn man will, kann man jetzt eine (zweite) Planungsphase einschieben.

Verbesserungsvorschläge

4. Schritt: Begleitende Mitplanung

Hier geht es darum, Reflexion und Mitplanung in einen **fortlaufenden Prozess** zu überführen (passt auch gut zum 2. Schritt). Beispielsweise können jeweils ein Schüler oder eine Schülerin (am Anfang der Woche) beauftragt werden, in der letzten Kurssitzung der Woche einen kurzen **Rückblick** zu geben. Gemeinsam kann dann das **Kommende** angeschaut werden. Nötigenfalls wird eine Planungsstunde eingeschoben. Bei verfahrenen Situationen kann es gut sein, sich dazu an einem anderen Ort zusammenzusetzen.

Besser noch scheint die begleitende Mitplanung zu klappen, wenn für mehrere Wochen zwei bis drei SchülerInnen den Kurs mit der Lehrerin oder dem Lehrer planen und beobachten. Dazu können sie sich z. B. wöchentlich außerhalb des Unterrichts kurz treffen oder in Kursphasen, während denen die andern an einer Sache arbeiten, **zusammensetzen**. Am Ende einer solchen Unterrichtsphase legen die SchülerInnen einen **Bericht** vor und unterbreiten **Vorschläge**. Natürlich müssen sie ihre Arbeit anerkannt bekommen, etwa durch einen Leistungsnachweis oder eine Note.

Aufpassen: Die MitplanerInnen sollen nicht zu Hilfssheriffs werden.

Letzter Tipp: Nicht verzweifeln, wenn es nicht gleich so gut klappt. Mitplanung muss erst gelernt werden — von beiden Seiten.

gemeinsam mit der Lehrkraft planen und beobachten

Ein Bogen zur raschen Kursdiagnose

Dieser Bogen eignet sich als Grundlage für die Mitplanung in einem **laufenden Kurs**. Man kann ihn einsetzen, um sich kurz über den Zustand eines Kurses zu verständigen. Das Ausfüllen dauert nicht länger als zehn Minuten. Er kann auf zwei Arten ausgewertet werden:

Erstens, indem jeder seinen Bogen sofort in Einzelfragen zerschneidet und verschiedene SchülerInnen die Fragen auswerten, indem sie Striche über die jeweiligen Figuren machen. Dabei ist auch eine gewisse Anonymität gewahrt.

Zweite Methode: Jemand nimmt die Bögen mit und wertet sie zur nächsten Sitzung aus.

Die Ergebnisse lassen sich z. B. auf einer Folie des Bogens eintragen und vorstellen. Die offenen Antworten sollten alle aufgelistet werden.

zur Verständigung über den Zustand des Kurses

Was ist los in diesem Kurs?

(Zutreffendes bitte ausmalen und offene Fragen beantworten)

Arbeitsatmosphäre

Vorträge des/der Lehrenden

Spaß am Thema

Lerneffekt

Engagement der SchülerInnen

Methodenvielfalt

Engagement des/der Lehrenden

Toll ist hier:

Problematisch ist hier:

Ein Tipp für die/den Lehrende(n):

Referatthemen finden und formulieren

Volker Kullmann

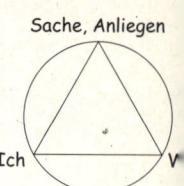

In vielen Fällen wählen Teilnehmer in Kursen oder Seminaren Themen zur schriftlichen Bearbeitung aus, weil Quellen gut zugänglich sind, die angegebene Literatur relativ wenig umfassend erscheint oder weil das Thema als einfach zu bearbeiten eingeschätzt wird. Häufig werden aber auch „Themen" vergeben oder von den Teilnehmern ausgewählt, bei denen es sich noch gar nicht um Themen handelt. Themen wie

— „Die französische Revolution"
— „Die Indianer Nord-Amerikas" oder
— „Gewalt und Sport"

geben Inhaltsbereiche wieder und stellen allenfalls „Arbeitsthemen" dar, d. h., sie sind der erste thematische Ausgangspunkt für die Beschäftigung mit einem Inhalt. Das Thema entsteht erst dann, wenn aus dieser Beschäftigung eine **spezielle eigene Fragestellung** entsteht bzw. formuliert wird. Die Festlegung des Themas (bzw. die Themen-Findung) ist das Ergebnis eines notwendigen, vorausgegangenen **Klärungsprozesses**, in welchem der Verfasser seinen Bezug zum Thema und sein mit der Arbeit verbundenes „Erkenntnisinteresse" deutlich macht.

Ruth Cohn ermittelte in ihrer „Themenzentrierten Interaktion" drei Aspekte, die bei der Planung von Referaten bedeutungsvoll sind: Neben dem zu berücksichtigenden Bezug des Einzelnen („**ICH**"-Aspekt) zum Thema („**ES**"-Aspekt) muss im Falle eines Referatvortrags auch immer die Gruppe der Zuhörer („**WIR**"-Aspekt) mitgedacht werden.

Themenfindung und -eingrenzung

Klären Sie als Erstes sehr gründlich Ihr Interesse an dem Themenbereich und was Sie schon darüber wissen, bzw. was Sie untersuchen möchten. Wenn Sie die folgenden Fragen für sich durchgehen, wird es Ihnen leichter fallen, einen **Bezug zum Thema** herzustellen, bzw. ihn auch für sich gut erkennbar zu machen.

„**ICH**"-Aspekt:
— Was interessiert mich besonders?
— Was macht mich neugierig?
— Was weiß ich schon darüber?
— Was möchte ich klären, darstellen, untersuchen, lernen?
— Worauf geht mein Interesse zurück?
— Welche Fragen stellen sich mir?
— Wo sehe ich das eigentliche Problem?
— Was möchte ich ausklammern?
— Worauf möchte ich mich beschränken?

„**ES**"- (Sach-)Aspekt:
— Worum geht es?
— Was ist das Problem?
— Welche Wichtigkeit/Bedeutung kommt der Sache zu?

– Welche Kenntnisse sollte man darüber haben?
– Welche Auffassungen gibt es zu der Thematik/welche herrschen in der Sache vor?
– In welchem Zusammenhang steht sie mit dem Kursthema, bzw. mit dem, was wir eben im Unterricht behandeln?

„WIR"-Aspekt:
– Was könnte für die anderen wichtig/interessant sein?
– Wie kann ich ihr Interesse wecken?
– Was wissen sie schon darüber? Woran kann ich anknüpfen?
– Was möchte ich ihnen vermitteln?

Thema eingrenzen

Grenzen Sie das Thema deutlich von einem Inhaltsbereich oder Sachgebiet ab. Grenzen Sie es auf den von Ihnen näher zu untersuchenden **Teilaspekt** bzw. auf die zugrunde liegende **Fragestellung** ein. Hilfreiche Fragen bzw. Überlegungen zur Eingrenzung des Themas können sein:
– dieser Sachverhalt müsste doch einmal genauer untersucht werden,
– dieser Frage möchte ich genauer nachgehen,
– wie verhält es sich denn damit nun wirklich?

Schränken Sie die „Aufgabenstellung" so ein, dass sie bezogen auf die zur Verfügung stehende Zeit bzw. den geforderten Umfang oder „Tiefgang" der Arbeit zu bewältigen ist.

Absicht klären

Machen Sie sich klar, was das **Ergebnis** der Arbeit sein soll, welches Ziel, welche Absicht Sie mit der Arbeit verfolgen. In bestimmten Fällen wird es ausreichen, einen Sachverhalt darzustellen, in den meisten Fällen wird jedoch darüber hinaus erwartet, den **Sachverhalt** oder seine **Ursachen** zu deuten, einzuordnen, das **Problem** aufzuzeigen, **Lösungen** anzudeuten, usw.

Erwartungen

Themenformulierung

Wenn Sie geklärt haben, was für Sie an der Sache/dem Untersuchungsgegenstand wichtig ist und was Sie daran besonders interessiert, bzw. was Sie aufdecken, untersuchen, klären möchten, wird Ihnen die Formulierung des Themas leichter fallen.

Der Formulierung des Themas kommt eine wesentliche Bedeutung zu, weil sie einerseits den Rahmen der zu bewältigenden Aufgabe möglichst so **präzise beschreiben** soll, dass der Zuhörer/Leser eine konkrete Vorstellung davon gewinnt, worüber er informiert wird.

Mit der Formulierung soll der Zuhörer/Leser aber nicht nur informiert werden, es soll auch sein **Interesse** an dem Thema geweckt werden. Er soll „gewonnen" werden, sich mit den von Ihnen dargestellten Problemen/Fragen zu beschäftigen.

den Zuhörer gewinnen

Versuchen Sie das Thema leicht verständlich, klar und präzise zu formulieren.

Achten Sie darauf, dass es nicht zu eng, aber auch nicht zu weit gefasst ist.

Formulieren Sie es so, dass das Interesse des Lesers/Zuhörers hinsichtlich dessen, was Sie mit dem Referat oder der Arbeit klären wollen, geweckt wird.

Hierzu eignet sich mitunter recht gut die **Frageform**. Falls Sie das Thema in Form einer

Frage formulieren, sollte es keine sein, die mit „Ja" oder „Nein" beantwortet werden kann.

vorgegebenen Rahmen berücksichtigen

Formulieren Sie das Thema so, dass seine Bearbeitung im vorgegebenen Rahmen bleibt. Das heißt, es muss in der zur Verfügung stehenden **Zeit** und unter Beibehaltung anderer **begrenzender Faktoren** (z. B. maximaler Seitenumfang, usw.) bearbeitet werden können. Das heißt, erwecken Sie nicht den Anschein, als wollen Sie mit der Arbeit alles ergründen.

Wenn Sie zur Information darüber, was Sie vortragen möchten, einschränkende Formulierungen verwenden müssen (wie: „Es würde den Rahmen der Arbeit sprengen, auf X einzugehen, deshalb beschränke ich mich auf die Darstellung des Y."), dann können Sie sicher sein, dass Sie das Thema nicht präzise genug formuliert haben.

Ein praktisches Beispiel

Entstehung des endgültigen Themas

Wie wird nun also aus den Inhaltsbereichen oder „Arbeitsthemen" bzw. den ersten thematischen Ausgangspunkten für die Beschäftigung mit einem Inhalt wie *„Gewalt und Sport"* ein Thema?

Nach der **Sammlung von Aspekten** und der damit einhergehenden Eingrenzung wie z. B.:

- Zum Begriff: Fans, Schlachtenbummler, Fußball-Rowdys, Hooligans
- Was wollen die „Fans"?, Was machen Fan-Clubs?
- Verhalten bei Heim- und Auswärts-Spielen (Lieder, Aktionen, usw.)
- Gewaltausübung von Fußball-Fans (vor, während und nach dem Spiel)
- Begriffsbestimmung: Gewalt — Aggression
- Aggressionstheorien
- Ursachen, Beweggründe für aggressives Verhalten
- schichtspezifische bzw. sozio-ökonomische Hintergründe

könnte das Thema z. B. lauten:

Themenformulierung

„Motive der Gewaltausübung durch Fußball-Fans" oder
„Was macht Fußball-Fans gewaltbereit?"
„Fan-Projekte — ein Schutz gegen Randale?"
„Das Verhalten von Fußball-Fans aus der Sicht von Jugendforschern".

Literatur

Cohn, R. C.: Von der Psychoanalyse zur themenzentrierten Interaktion. Von der Behandlung einzelner zu einer Pädagogik für alle. Stuttgart 1975.

Cohn, R. C./Matzdorf, P.: Themenzentrierte Interaktion. In: Corsini, J. R. (Hg.) Handbuch der Psychotherapie. Weinheim, Basel 1983.

Langemaak, B./Braune-Krickau, M.: Wie die Gruppe laufen lernt. Anregungen zum Planen und Leiten von Gruppen. München 1989.

Marelli-Simon, S. u. a. (Hg.): Lebendig Lernen. Grundfragen der Themenzentrierten Interaktion. Arlesheim (CH) 1987.

Forschen lernen – Forschen planen

Jupp Asdonk

(Forschungs-)Projekte im naturwissenschaftlichen und technischen Unterricht und im Grundstudium bieten die Chance, Lernthemen und Lernprozesse mitzubestimmen. Sie verlangen viel **Eigeninitiative**, wenn es gilt, ausgehend vom Thema und den Zielen eines Projektes die Fragen einer Untersuchung und das „Forschungsdesign" zu entwickeln. Zu dieser Phase eines Projektes, die für seinen Erfolg sehr wichtig ist, folgen hier in Form einer kommentierten **Checkliste** Vorschläge und Hinweise. Dabei wird vor allem an Projekte gedacht, die sich quantitativ, d. h. auf der Basis von Messungen der untersuchten Größen, mit ihren Fragen auseinander setzen wollen.

quantitative Projekte

Forschungsfragen finden

Sicher ist es manchmal wichtig, Dinge auszuprobieren, spielerisch und neugierig spontanen Fragen nachzugehen. Doch stellt sich schon am Startpunkt eines Projektes die Aufgabe, ein Problem klar zu definieren und die Fragen zu formulieren, die man untersuchen will.
Fragen sind meist mit dem Thema eines Projektes vorgegeben oder man denkt sie sich selbst aus. Dies ist ein kreativer Schritt, bei dem (Vor-)Kenntnisse über die zu untersuchenden Phänomene, Neugier, geduldiges

Problem definieren, Fragen formulieren

Beobachten und **Intuition** helfen, Zusammenhänge zu entdecken oder zu vermuten.

Die Fragen präzisieren

Der nächste Schritt ist, die Forschungsfragen in eine Form zu bringen, in der sie untersucht werden können — sei es durch Beobachtungen, Messungen oder Experimente.
Fragen sind unklar, wenn nicht zu erkennen ist, wonach gefragt wird (z. B. nach der Ursache eines Verhaltens), wenn sie nicht definierte Begriffe enthalten oder wenn nicht deutlich wird, wie eine Antwort aussehen könnte. Oft hilft die **prüfende Gegenfrage:** „Welche Ergebnisse einer Untersuchung würden mir welche Antwort auf die Frage geben?" Sie zeigt schnell die unklaren Stellen einer Forschungsfrage.

Fragen in eine untersuchbare Form bringen

Die Untersuchungshypothesen formulieren

Hypothesen aufzustellen bedeutet, mögliche Antworten auf Forschungsfragen zu suchen und sie so zu formulieren, dass sie mit den Mitteln der Beobachtung, Messung usw. untersucht und bestätigt oder als unzutreffend verworfen werden können.
Der Aufwand, Fragen auszuarbeiten und Hypothesen aufzustellen, kann allerdings nicht

Zeitaufwand klären

unabhängig davon sein, ob für ein Projekt drei Wochen, ein Semester oder zwei Jahre zur Verfügung stehen, ob „professionelle" Wissensressourcen gegeben sind oder die Mittel einer Schule.

Vor diesem Hintergrund sollte man entscheiden, wie viel Zeit und Anstrengung man für diesen Arbeitsschritt investieren will, und dabei berücksichtigen, dass die Arbeit, die man in dieser Phase sparen will, eventuell in der Auswertung und Interpretation der Daten doppelt aufgebracht werden muss.

Wenn man sich für einen Weg entschieden hat, kann man die Hypothesen für die Untersuchung konkret aufschreiben. Dazu müssen die relevanten **Variablen** und die naturwissenschaftlichen oder technischen **Messgrößen** des Versuchs identifiziert werden, deren Ausprägung im weiteren Verlauf beobachtet oder gemessen werden sollen. Dieser Schritt der „Operationalisierung" schließt ein, die erforderlichen **Messverfahren** zu bestimmen und den Charakter der erwarteten Messdaten zu klären.

Operationalisierung

Durchführung der Untersuchung

Spätestens an dieser Stelle ist zu entscheiden, ob die Hypothesen im Labor mit Experimenten, also mit **künstlichen Anordnungen** (die zum Teil als Standardverfahren zur Verfügung stehen, eventuell aber auch eigens entwickelt werden müssen) oder ob sie mit Beobachtungen außerhalb eines Labors, d. h. **ohne künstliche** Eingriffe, untersucht werden sollen.

im oder außerhalb des Labors?

Mess- und Beobachtungsverfahren ausarbeiten

Nach der Klärung der Untersuchungsvariablen (durch die Formulierung der Hypothesen) und des Untersuchungsverfahrens müssen nun die Messgrößen exakt definiert und die Messverfahren ausgearbeitet werden. Hier können **Vorversuche** helfen, in denen auch die Vor- und Nachteile alternativer Messmethoden untersucht werden können. Mit den Messgrößen und -verfahren entscheidet man auch, welche **„Qualität" die Messdaten** haben werden (Nominal-, Rang- oder Intervalldaten) und gibt zugleich die Verfahren der Aufbereitung und der Auswertung der Untersuchungsdaten vor.

Messgrößen definieren, Messverfahren ausarbeiten

Versuchsreihen festlegen

Wann, in welchem **Umfang**, mit welchen Zeitspannen, in welcher **Reihenfolge**, mit wie vielen Wiederholungen sollen die Untersuchungen durchgeführt werden? Wann sollen **Kontrollen** durchgeführt und Zwischenergebnisse ermittelt werden? Wie können **unerwünschte Effekte**, z. B. die statistische Abhängigkeit von Daten, vermieden werden? – Dies sind die Fragen, die an dieser Stelle zu beantworten sind.

Protokollierung vorbereiten

Die Protokollierung der Versuchsbedingungen, der verwandten Messgeräte, des methodischen Vorgehens und der beobachteten oder gemessenen Werte der Messgrößen ist — ohne übertreiben zu wollen — unverzichtbar. Das Protokoll ist ebenso **Kontrollinstrument** der Versuchsdurchführung wie Grundlage für die Auswertung eines Versuchs. Nur ein sorgfältig geführtes Protokoll liefert zuverlässige Daten und hilft Fehlinterpretationen zu vermeiden. Je detaillierter eine Untersuchung geplant ist, desto besser lässt sich die Protokollierung vorbereiten. Als Faustformel gilt hier, die Protokollformulare so zu **strukturieren**, dass die Schreibarbeit während der Versuchsreihen möglichst gering bleibt.

sorgfältige Protokollführung

Auswertung und Darstellung der Ergebnisse planen

Auch wenn die Auswertung und die Präsentation der Versuchsdaten noch weit in der Zukunft liegen mögen, so bietet es doch Vorteile, sich schon in der Planungsphase einige Gedanken darüber zu machen. Statistische Verfahren z. B. verlangen Daten einer bestimmten Qualität oder Datensätze mit einem bestimmten Mindestumfang (Stichprobenumfang). Dies ist für die Versuchsplanung ebenso wichtig, wie das Nachdenken über mögliche Darstellungsformen: Beides führt zu den Forschungsfragen und Hypothesen zurück und ermöglicht es, das gesamte „Versuchsdesign" noch einmal zu überprüfen und nötigenfalls zu ergänzen oder zu korrigieren.

Darstellungsformen überlegen

Soweit die Planung eines Projektes! Hier sind **Kenntnisse und Fantasie** gefragt: Wer über ein Problem schon einiges weiß, hat es leichter, den Zusammenhang zwischen verschiedenen Größen zu erkennen oder Parallelen zu bekannten Phänomenen zu ziehen. Ebenso wichtig ist eine wache Fantasie, um hinter der Oberfläche des Beobachtbaren interessante Fragen zu sehen und überraschende Wechselwirkungen zu vermuten.

Und wie es weiter geht? Den Versuch durchführen, die Messgrößen beobachten und messen, die Versuchsdaten mathematisch und grafisch aufbereiten, die Ergebnisse darstellen und interpretieren, schließlich Antworten auf die Forschungsfragen geben — dies ist in verschiedenen Leitfäden dargestellt und kann dort nachgelesen werden.

„Beginne nicht, Daten zu sammeln, bevor du nicht weißt, wie du sie auswerten und was du mit ihnen tun willst."

Literatur

Lamprecht, J.: Biologische Forschung. Von der Planung bis zur Publikation. Berlin, Hamburg 1992. (Anschaulich, gut verständlich, mit vielen interessanten Beispielen)

Squires, G. L.: Meßergebnisse und ihre Auswertung. Eine Anleitung zum praktischen naturwissenschaftlichen Arbeiten. Berlin, New York 1971. (Eine gute Anleitung für „klassische" naturwissenschaftliche Experimente)

Rückriem, G./Stary, J./Franck, N.: Die Technik wissenschaftlichen Arbeitens. Paderborn, München 1980. (Eine sozialwissenschaftliche Perspektive mit vielen guten Hinweisen für persönliche Arbeitstechniken)

Auslandsaufenthalt

Josef Bessen

Bekanntlich wirkt sich ein längerer Auslandsaufenthalt äußerst positiv auf die Kenntnis der **Sprache, Kultur, Geschichte und Gesellschaft** des Landes aus, in das man fährt. Zugleich ermöglicht er Erfahrungen mit dem „Anderen", die nicht nur Auswirkungen auf die **Einstellung** gegenüber dem Gastland und dem eigenen Land haben, sondern auch auf **Verhaltens- und Denkgewohnheiten** im Alltag. Insofern trägt er dazu bei, sich auf die Anforderungen, die sich heute mit qualifizierten **Berufstätigkeiten** verbinden, vorzubereiten. Denn dort sind nicht nur etwa Fremdsprachenkenntnisse, besonders was Englisch betrifft, unverzichtbar, sondern auch die Fähigkeit, Distanz zu eingeführten Verhaltensweisen und Methoden zu gewinnen und andere, neue Lösungen zu erproben.

Nutzen eines Auslandsaufenthaltes

Sprachliche Vorbereitung des Auslandsaufenthaltes

In der Regel werden Fremdsprachenlehrer/innen Empfehlungen geben hinsichtlich dessen, was man auf sprachlicher Ebene zur Vorbereitung tun kann. Je besser die eigene sprachliche Kompetenz, desto leichter gelingt es, sich im Gastland zu orientieren und Kontakte zu „Native speakers" zu knüpfen.

VON DER FREMDSPRACHLICHEN SIMULATION ZUR PRAKTISCHEN ANWENDUNG

Verständnisschwierigkeiten vor allem zu Beginn des Auslandsaufenthaltes vermitteln oft den Eindruck, die eigenen Fremdsprachenkenntnisse seien völlig unzureichend. Man muss sich jedoch klar machen, dass man zu Hause die Fremdsprache meist nur in einem **Lehr- und Lernzusammenhang** hört, spricht, liest und schreibt. Im Ausland dagegen erlebt man **authentische Kommunikationssituationen**, in denen die Einheimischen „natürlich" reden, also schnell, lässig artikulierend, unter Dialekteinfluss und vor dem Hintergrund nicht-simulierter und z. B. von Emotionen geprägter Bedürfnisse.

Frustrationen

DIE BEDEUTUNG DER ALLTAGSSPRACHLICHEN KOMPETENZ

Es ist also sinnvoll, jene Aspekte der Fremdsprache zu „wiederholen", die zu Beginn des Fremdsprachenunterrichts erarbeitet werden: Die Strukturen und den Wortschatz, die für die Kommunikation in Alltagssituationen unerlässlich sind. Zwar ist es für den Besuch einer Schule im Ausland selbstverständlich, auch die Sprache der Analyse, der Beschreibung und des Kommentars zu beherrschen, doch für die Herstellung von Kontakten, für den Einstieg in Kommunikationssituationen ist es notwendig, die elementaren **Alltagssituationen** sprachlich bewältigen zu können. Aus Gründen der

Schulsprache u[nd] Alltagssprache

Motivation ist es sinnvoll, diese sprachliche Vorbereitung **möglichst spielerisch** zu gestalten, etwa indem man Kassetten mit Alltagsgesprächen hört, Kriminalromane (die in der Regel auf eine sehr alltagsnahe Sprache zurückgreifen) in der Zielsprache liest oder die Möglichkeit nutzt, über Kabel oder Satellit internationale TV-Sender zu empfangen, um sich fremdsprachige Nachrichtensendungen, Reportagen und Filme anzusehen. Gerade solche **Medien** machen bereits mit dem Phänomen der erheblich gesteigerten Kommunikationsgeschwindigkeit und den damit verbundenen Problemen vertraut.

Landeskundliche Vorbereitung des Auslandsaufenthaltes

Die eigenen Grundkenntnisse über das Gastland sollte man vor der Abreise erweitern, da es einerseits **praktische Vorteile** hat, möglichst viel über den anstehenden neuen Lebenszusammenhang zu wissen, andererseits erleichtert ein größeres Vorwissen es, die neuen Erkenntnisse produktiver zu verarbeiten. Schließlich ist es eine Frage der **Höflichkeit** den Gastgebern gegenüber, das eigene Interesse am Gastland durch eine gewisse landeskundliche Kompetenz zu demonstrieren. Auch hier geben die Fremdsprachenlehrer/innen in der Regel sinnvolle Anregungen. Inzwischen gibt es auch eine Fülle von unterhaltsam geschriebenen, seriösen **Reiseführern** oder **Länderkunden**. Außerdem sollte man möglichst genau die Informationen verfolgen, die die heimischen Medien über das Gastland liefern. Das kann im Rahmen der gewohnten Mediennutzung geschehen, gelegentlich aber auch im Rückgriff auf leicht zugängliche ausländische **Zeitungen** oder beispielsweise im Zusammenhang mit Sendungen wie „Auslandsjournal" oder „Weltspiegel".

Im Ausland

Zwar lernt man im Ausland dauernd, durch die bloße Tatsache, dass man seinen Alltag in einem neuen Kontext verbringt. Dennoch sollte man sich nicht nur auf den bildenden Effekt der Alltagserfahrungen verlassen, sondern Maßnahmen ergreifen, die den Nutzen des Auslandsaufenthaltes etwas systematischer sichern.

Spontane und reflektierte Sprachpraxis

Neben dem üblichen Schulprogramm empfiehlt es sich **Sprachkurse** zu besuchen, die sich ausdrücklich an ausländische Schüler/innen richten. Denn die Landessprache lernt man nicht nur durch die alltägliche Praxis. Es besteht die Gefahr, dass sich grammatische Probleme einschleichen. Dies ist vor allem darauf zurückzuführen, dass die Gesprächspartner im Gastland sich meistens mit Korrekturen zurückhalten. Sprachkurse wirken einer solchen Tendenz entgegen, indem sprachliche Strukturen nicht nur angewandt, sondern auch reflektiert werden. In ihnen lernt man umso

Vorwissen und neues Wissen

Erfahrungen systematisch nutzen

Wechselwirkung von Alltag und Schule

schneller, als dort Phänomene behandelt werden, mit denen man täglich konfrontiert wird. In den Alltagssituationen wiederum erkennt man wieder, was Kursgegenstand war.

Nützlich ist es auch, **Gesprächspartner** zu finden, die ihrerseits Deutsch lernen und mit ihnen zu vereinbaren, dass man sich zwar nicht dauernd gegenseitig belehren will, aber doch, wenn es die Kommunikation nicht allzu sehr stört, wechselseitig korrigiert.

Verbesserung der Landeskenntnisse

Ähnlich kann man auch die Landeskenntnisse durch gezielte Maßnahmen ergänzen, vor allem indem man häufig die Medien des Gastlandes wahrnimmt. Denn zunächst sind **Zeitungs- und Zeitschriftenlektüre** sowie **Film-** und **Fernsehkonsum** wichtige Aspekte der allgemeinen Sprachpraxis. Sie sind selbst ein wesentlicher Teil der „Kultur" des Gastlandes und die Vertrautheit mit ihnen ist also auch ein wesentlicher Teil der Landeskenntnis. In Frankreich beispielsweise oft ins **Kino** zu gehen, kann natürlich unterhaltsam sein und die Sprachkenntnisse fördern, vermittelt aber zugleich Eindrücke von dem Status, den der Film dort hat, sowie über seine Qualität.

Vor allem aber sind die Medien wichtige Informationsquellen über das Gastland, aber auch darüber, wie im Gastland die Bundesrepublik gesehen wird. Ein gesteigerter Medienkonsum erlaubt es außerdem, die eigenen, oft partiellen Erfahrungen in einen größeren Zusammenhang zu stellen und dadurch besser zu verstehen.

Mediennutzung verbessert Sprachpraxis und Landeskenntnis

Die eigene und die fremde Perspektive

Die Erfahrungen, die man im Gastland macht, werden durch die **eigenen Erwartungen** beeinflusst. Völlig unvermeidlich ist es, dass diese Erwartungen gelegentlich enttäuscht werden. Es kann hinzu kommen, dass Verhaltensweisen, Problemlösungen usw. nicht nur ungewöhnlich, sondern auch unsinnig oder ärgerlich wirken. Es ist banal, aber nicht überflüssig, darauf hinzuweisen, dass man in solchen Situationen nicht vergessen sollte, dass man Gast des Landes ist.

Zwar kann auch ein Gast des Landes bestimmte **Zustände kritisch betrachten**, aber auch nach den Gründen für die aus eigener Perspektive problematischen Verhältnisse fragen. So fällt deutschen Schüler/inne/n in Frankreich oft auf, wie viel mehr Zeit die französischen Schüler/innen in der Schule verbringen und schließen schnell auf eine familienferne Bildungspraxis. Dabei sehen sie dann oft nicht, wie der längere Aufenthalt der Kinder in der Schule es den Müttern erleichtert, außerhalb des Haushaltes berufstätig zu sein.

das „andere" hat Gründe

Institutionen und Organisationen

Eine Reihe von Institutionen und Organisationen informieren über die konkreten Möglichkeiten von Auslandsaufenthalten bzw. helfen bei ihrer Durchführung. Bei diesen Einrichtungen erfährt man etwas über Details wie geeignete Schulen, Vorbereitungsveranstaltungen, Versicherungsfragen, Kosten, Vergünstigungen für Schüler/innen, Möglichkeiten, besondere Stipendien zu bekommen usw. Die hier aufgeführten Adressen stellen nur eine Auswahl dar. Die genannten Institutionen teilen auch weitere Adressen von Einrichtungen mit, die für die einzelnen Bundesländer wichtig sind.

— British Council
  Hahnenstr. 6
  50667 Köln
  Tel.: 0221/206440
— Gabbitas Educational Consultants
  Carrington House
  126—130 Regent Street
  GB-London W1R6EE
  Tel.: 0044/1717340161
— Deutsch-Französisches Jugendwerk
  Rhöndorfer Str. 23
  53604 Bad Honnef
  Tel. 02224/18080
— Deutscher Bundestag
  Referat PB 4, Bundeshaus
  53113 Bonn
  Stichwort: „Parlamentarisches Patenschaftsprogramm"
— AFS Interkulturelle Begegnungen
  Friedensallee 42
  Postfach 500142
  22701 Hamburg
  Tel.: 040/399222-0
— Experiment e. V.
  Ubierstr. 30
  53173 Bonn
  Tel.: 0228/957220
— Youth for understanding Komitee e. V.
  Averhoffstr. 10
  2085 Hamburg
  Tel.: 040/227002-0
— Euro-Vacances (Gemeinnützige Organisation/Youth Exchange GmbH)
  Rothenbaumchaussee 26
  20148 Hamburg
  Tel.: 040/447070-0
— Into Schüleraustausch e. V.
  Ostlandstr. 14
  50858 Köln
  Tel.: 02234/946360

Für alle genannten Einrichtungen gilt, dass man sich frühzeitig informieren muss, möglichst schon ein Jahr, bevor man den Auslandsaufenthalt beginnen will, da es gelegentlich sehr lange Bewerbungsfristen gibt.

Literatur

Gille, C.: Als Schüler ins Ausland. Ein Ratgeber für Eltern und Jugendliche. Reinbek 1999.

Informations- und Materialbeschaffung

... ist ein Problem des raschen Zugangs und der richtigen Auswahl: Der klassische Ort der Informationssuche ist nach wie vor die Bibliothek (**Literaturrecherche in Bibliotheken**). Das Internet (**Internetrecherche**) wird allerdings immer wichtiger: Suchstrategien für beide Bereiche helfen einen Weg durchs unübersichtliche Gelände zu finden.

Den Zugang zu historischen Materialien eröffnen die Beiträge zur **Arbeit im Archiv** und zum Besuch **Historischer Museen und Ausstellungen**. Einen Sonderfall stellen in diesem Zusammenhang Interviews mit (historischen) Zeitzeugen dar (**Oral history**), für deren Durchführung und Auswertung besondere Regeln zu berücksichtigen sind.

Als unersetzliches Mittel der Informationsaufnahme gilt — trotz Kopien immer noch **Mitschreiben und Mitschrift**, allerdings in zweckmäßig abgestufter Form.

Internetrecherche

Stephan Gringard

Das Internet hat sich in den letzten Jahren explosionsartig vergrößert. Mit ihm ist die Zahl der Dokumente, die im World Wide Web zu finden sind, drastisch angestiegen. Zur Zeit geht man davon aus, dass etwa 150.000.000 Dokumente (WWW-Seiten) in der Welt zur Verfügung stehen und täglich kommen ca. 150.000 Dokumente weltweit hinzu.

Da es **keine zentrale Registrierungsorganisation** für WWW-Seiten gibt, erscheint das Aufspüren benötigter Informationen wie die Suche nach der Nadel im Heuhaufen.

rasantes Wachstum des Internets

Suchen nach dem Zufallsprinzip

Am einfachsten gelingt die Informationsbeschaffung aus dem Internet durch **Raten**. Dies klingt verblüffend und ist dennoch wahr. In dem Maße, in dem das Internet an Beliebtheit zugenommen hat, wurde es auch von den verschiedensten Organisationen zu Werbe- oder Informationszwecken genutzt. Ist die entsprechende Organisation bekannt, kann man durch einfaches Eintippen des Firmennamens oder der entsprechenden Abkürzung zu beachtlichen Sucherfolgen kommen. Dabei geht man wie folgt vor:

Jedes Programm, mit dem man ins Internet gelangt **(Browser)** hat ein extra Adress-Feld, in das man die **URL** (Uniform Resource Locator, Adresse eines Dokuments im Internet, die meist die Form wie die folgenden Beispiele aufweist) einträgt. Nach Betätigung der **ENTER**-Taste erscheint das aufgerufene Dokument auf dem Bildschirm.

Bei der Zufallssuche findet man z. B. unter *http://www.ard.de* die Web-Site des ersten Fernsehprogramms, unter *http://www.heute.de* das Angebot der Nachrichtensendung „heute". Sucht man Informationen der Bundesregierung gibt man einfach *http://www.bundesregierung.de* an. Um das Angebot des Louvre sehen zu können, gibt man *http://www.louvre.fr* an, das Federal Bureau of Investigation findet man unter *http://www.fbi.gov*.

Namen ausprobieren

Der Erfolg einer solchen „naiven" Suche läuft allerdings dann ins Leere, wenn diese Organisationen **unübliche Abkürzungen** verwenden oder Bindestriche im Namen tragen. Dies ist zwar nicht tragisch, bis auf eine Fehlermeldung passiert nichts, man sollte allerdings nicht **zu viel Zeit** mit dem reinen Herumprobieren vergeuden. Des Weiteren haben die Informationen, die dort angeboten werden, in den meisten Fällen eher einen direkten Bezug zu der jeweiligen **Organisation**. Daher sind solche Angebote oft nur dann interessant, wenn man sich über diese Organisationen informieren will, oder klar ist, dass dort Informationen zu bestimmten Themen zu finden sind.

Grenzen der Zufallssuche

Selten erhält man dort Angebote zu aktuellen Themen oder anderen Bereichen.

Gezielte Suche

Der Ausgangspunkt einer Recherche liegt bei den **Suchhilfen**, die von verschiedenen Firmen im Internet angeboten werden. Man kann sie sich als eine Art elektronische Bibliografie vorstellen, die WWW-Dokumente nach verschiedenen Kriterien ordnet und sortiert. Es gibt im Wesentlichen zwei Sorten von Suchhilfen, die sich für eine Recherche im WWW eignen:
— Roboter-Indizes **(Suchmaschinen)**
— Manuell erstellte Kataloge **(Thematische Verzeichnisse)**

„elektronische Bibliografie"

SUCHMASCHINEN (ROBOTERGESTEUERTER INDEX)

Suchmaschinen unterscheiden sich erheblich in Art und Qualität voneinander. Während einige den **kompletten Text** der zum gesuchten Thema gefundenen Dokumente erfassen, zeigen andere **nur die URL** an. Weitere Unterschiede sind die **Aktualität** der Datenbanken und der **Komfort** der Abfragemöglichkeiten. Dies führt dazu, dass alle Suchmaschinen Stärken und Schwächen haben und man sich nicht auf die Ergebnisse einer einzigen Suchmaschine verlassen sollte. „Gesucht" wird mit selbst formulierten Suchbegriffen bzw. Stichwörtern. Die Ergebnisse von Suchanfragen können mitunter recht umfangreich ausfallen. Deshalb nehmen die meisten Suchmaschinen ein so genanntes „**Ranking**" vor. Das heißt, dass sie die gefundenen Dokumente (Treffer) gleich so sortieren, dass die wichtigsten vorne stehen. Die Wichtigkeit hängt von folgenden Kriterien ab:

Unterschiede der Suchmaschinen

zu umfangreiche Suchergebnisse

— der **Anzahl** der gefundenen Wörtern: Je größer die Anzahl der Suchbegriffe in einem Dokument ist, desto höher wird es eingestuft.
— der **Position** der Wörter: Wird ein Suchbegriff in einem Titel gefunden, so wird dieses Dokument als relevanter eingestuft als ein Dokument, in dem der Begriff nur im Fließtext vorkommt.
— dem **Abstand** der Suchbegriffe im Dokument: Liegen zwei Suchbegriffe in einem Dokument sehr nahe beieinander, dann erhält das Dokument eine höhere Relevanz als ein Dokument, in dem die Begriffe weiter auseinander stehen.
— der **Häufigkeit** von Suchbegriffen innerhalb von Dokumenten: Dokumente, die einen Suchbegriff mehrmals enthalten, besitzen eine höhere Relevanz als Dokumente, die den Begriff nur einmal enthalten.
— der **Popularität**: Dokumente, auf die von vielen anderen Stellen im Internet durch Hyperlinks verwiesen wird, werden als relevanter angesehen.

Kriterium für „Ranking"

Suchmaschinen eignen sich immer dann, wenn man **schnell** herausfinden möchte, ob zu einem bestimmten Thema im Internet überhaupt etwas zu finden ist, wenn **konkrete Informationen**, Produkte oder Personen lokalisiert werden sollen oder wenn Dinge gefunden werden sollen, von denen man weiß, dass es sie irgendwo im Internet gibt.

Suchmaschinen eignen sich für

Thematische Verzeichnisse
(Manuell erstellte Kataloge)

Die besondere Nutzung der thematischen Verzeichnisse besteht darin, dass inhaltlich einander ähnliche Internetangebote gesammelt dargestellt werden. Thematische Verzeichnisse sind immer dann gut geeignet, wenn man Informationen zu einem ganz bestimmten **Thema** sucht, sich zum **Einstieg** in ein neues Thema **Überblick** verschaffen will oder wenn man Informationen in einem **größeren Zusammenhang** suchen möchte.

Diese Verzeichnisse fassen die Internetressourcen in einem Katalog zusammen und ordnen sie nach Themengebieten und Kategorien. Man kann Informationen finden, ohne sich um Titel, Bezeichnung, URLs oder Stichwörter zu kümmern, da man sich nur durch die verschiedenen Themengebiete oder Kategorien „klickt".

Alle thematischen Verzeichnisse haben einen **hierarchischen Aufbau**. Das heißt, dass es eine grobe Themenunterteilung mit Oberkategorien (z. B. Computer, Internet, Medien, Kunst & Kultur u. a.) gibt. Unterhalb dieser Kategorien bestehen dann wieder Unterkategorien mit weiteren Untergliederungen. Das heißt, je tiefer man sich in der Hierarchie befindet, desto spezieller ist das vorgefundene Themengebiet.

Die **Orientierung** in thematischen Verzeichnissen funktioniert quasi wie die Suche nach einem Buch in einer Bibliothek. Zunächst sucht man sich eine Oberkategorie und lässt sich anzeigen, welche Unterkategorien es auf der nächst tieferen Ebene gibt. Dort sucht man wiederum die Erfolg versprechendste aus und macht so lange weiter, bis man schließlich bei den Verweisen auf die Orginalquellen stößt.

Kataloge eignen sich für ...

Ordnung nach Themengebieten und Kategorien

Name	Adresse	Suchmaschine	Verzeichnis
AltaVista	http://altavista.digital.com/	•	
Excite	http://www.excite.com/	•	
Web.de	http://web.de/		•
Yahoo	http://www.yahoo.de/		•
Fireball	http://www.fireball.de/		•
Infoseek	http://www.infoseek.com/	•	
Dino-Lotse	http://www.dino-online.de/seiten.html/	•	
Nathan	http://www.nathan.de/	•	
OpenText	http://index.opentext.net/	•	
Dino-Katalog	http://www.dino-lotse.de/		•
HotBot	http://www.hotbot.com/	•	

Alternative Suchhilfen

Viele Anbieter von Internet-Dokumenten sorgen mittlerweile durch „eigene Suchhilfen" für eine optimale Suche nach Informationen in ihrem Verantwortungsbereich. So betreibt der **Bildungsserver** des Landes NRW (*www.learn-line.nrw.de*) eine eigene Suchhilfe, die sämtliche Informationen erfasst, die auf dem Bildungsserver zu finden sind. Es werden aber auch professionelle Suchhilfen eingesetzt, die gezielt nach Informationen eines Anbieters suchen. So betreibt der **Bildungsserver** des Landes Bayern (*www.schule.bayern.de*) eine Suchhilfe, die auf der Grundlage der Suchhilfe AltaVista basiert.

Metasuchhilfen

Eine wesentliche Hilfe, die immer häufiger den Einsatz professioneller Suchhilfen ergänzt, in manchen Fällen auch ersetzt, sind so genannte Metasuchhilfen. Dies sind Programme, die über eine zentrale Eingabeseite verschiedene Suchhilfen gleichzeitig ansprechen. Die Ergebnisse werden in der Regel auf einer gut strukturierten Ergebnisseite unter Angabe der verwendeten Suchhilfe präsentiert. Die Metasuchhilfen sind dabei in der Lage, doppelt gefundene Dokumente entsprechend herauszufiltern.

Eine deutsche Metasuchhilfe ist MetaGer (*http://meta.rrzn.uni-hannover.de/*).

Formulierung der Suchbegriffe

Um geeignete Informationen zu finden, müssen spezifische Stichwörter gewählt werden. Damit verringert sich auch die Anzahl irrelevanter Treffer. Begriffe wie Schule und Computer führen zu einer hohen Zahl von Treffern. Eine genauere Beschreibung der Begriffe verkleinert die Anzahl der Treffer enorm. Anstelle von Schule könnte beispielsweise Unterrichtsmaterialien und Programmierung statt Computer angegeben werden.

Je **größer eine Datenbank**, desto wahrscheinlicher ist es, dass bei einem zu allgemeinen Begriff eine zu große Zahl von Treffern erhalten wird. Hier müssen also speziellere Suchbegriffe gewählt werden. Die ungefähre Größe einer Datenbank kann man durch eine Beispielsuche mit einem sehr allgemeinen Begriff leicht ermitteln.

Findet die Suchhilfe zum gewünschten Begriff nichts, muss die Suchstrategie entsprechend angepasst werden, indem man beim Suchbegriff **vom Speziellen zum Allgemeinen** vorgeht. Folgende Reihenfolge wäre beispielsweise sinnvoll: Klappskulpturen — Picasso — Maler — Kunst (Babiak 1998, S. 130).

Das Internet ist ein **internationales Medium** und so kann es vorkommen, dass man nur solche Dokumente findet, die in der gleichen Sprache verfasst sind wie die Suchbegriffe. Einige Autoren ergänzen ihre Web-Dokumente um zusätzliche Schlagworte in anderen Sprachen, damit solche Dokumente auch gefunden werden. Leider ist das nicht der Regelfall. Kann man Informationen auch in einer anderen Sprache gebrauchen, sollten entsprechende Suchbegriffe in der jeweiligen Sprache verwendet werden.

TECHNIKEN ZUR STICHWORTSUCHE

Anfragen zu einem Begriff müssen dem sprachlichen Niveau der Suchmaschine angeglichen sein. Hierzu gibt es bestimmte Regeln. Man unterscheidet zwischen der **menügestützten** (zu finden bei OpenText) und der **freien Eingabe** (zu finden bei AltaVista) des Suchbegriffs. Während die freie Eingabe die Kenntnis der jeweils verlangten Syntax (Regel, nach der die Eingabe erfolgen muss) voraussetzt, kann die menügesteuerte Eingabe auch ohne Kenntnis der **Syntax** durch „Klicken" genutzt werden.

sprachliches Niveau der Suchmaschine

Der Vorteil bei der freien Eingabe liegt eindeutig in der Möglichkeit flexiblere Suchanfragen zu stellen. Nur ist es schwierig, die gerade gültige Syntax für alle Suchmaschinen im Kopf zu behalten. Daher sollte man sich auf ein paar Favoriten beschränken und deren Syntax genau studieren.

Suche nach Wortteilen

Bei der Suche nach Wortteilen möchte man ausschließen, dass durch zu starke Eingrenzung bestimmte Begriffe nicht gefunden werden. Wenn man z. B. das Wort *Auto* sucht, würde man die Dokumente ausschließen, die das Wort Automobil, Automatik usw. enthalten. Suchbegriffe können so bezeichnet werden, dass verschiedene **Wortvariationen** gefunden werden. Dies geschieht durch das so genannte Jokerzeichen (*), das für eine beliebige Anzahl von Zeichen steht. Wenn man nun *Auto** als Suchbegriff angibt, findet die Suchmaschine auch die zuvor ausgeschlossenen Dokumente.

Es besteht auch die Möglichkeit nach Wortteilen zu suchen, die am **Wortanfang, am Ende oder in der Mitte** stehen. Sucht man z. B. nach **kette*, werden Dokumente gefunden, wie Diskettenlaufwerk oder Halskette.

Suche mittels logischer Operatoren

Hier werden die verschiedenen Suchbegriffe durch Verwendung so genannter Boolescher Operatoren (AND, OR, NOT) und eines Abstandsoperators (NEAR) miteinander kombiniert.

Wenn z. B. Dokumente gesucht werden, die das Wort Chemie oder das Wort Biologie enthalten, formuliert man **Chemie OR Biologie.** Es werden Dokumente erhalten, die als Treffer entweder einen von beiden oder beide Suchbegriffe enthalten. Die OR-Abfrage ist immer dann sinnvoll, wenn eine Schreibweise eines Suchbegriffes nicht eindeutig bekannt ist. Wenn z. B. nach Dokumenten gesucht wird, die sich mit der Designerdroge Ecstasy befassen, die genaue Schreibweise aber nicht bekannt ist, gibt man z. B. **Ecstasy OR Extasy** an. Die Suchbegriffe können auch in verschiedenen Sprachen angeben werden, um nicht auf Dokumente beschränkt zu sein, die in der gerade gewählten Sprache vorliegen, z. B.: **Programming OR Programmierung.**

OR-Abfrage

Im Gegensatz zum OR-Operator schränkt der AND-Operator die Treffermenge stark ein, weil die Suchkriterien enger sind, denn beide Suchbegriffe müssen vorkommen. Man hat so die Möglichkeit bessere Suchergebnisse zu erzielen. Mit **Chemie AND Biologie** werden nur die Dokumente gefunden, die beide Such-

And-Operator

begriffe enthalten. Die Verwendung des AND-Operators sollte aber gut überlegt sein, denn es kann sehr leicht passieren, dass Dokumente ausgeschlossen werden. Dieser Fall tritt auf, wenn man sich beispielsweise bei der Eingabe der Suchanfrage verschreibt (z. B Boilogie). Die Suchanfrage **(Chemie OR Boilogie) AND Informatik** liefert mit großer Wahrscheinlichkeit nur die Dokumente, die Chemie UND Informatik enthalten.

NOT-Operator

Mit dem NOT-Operator kann man die Ergebnisse einer Suchanfrage umkehren. Durch **NOT Chemie AND Informatik** findet man alle Dokumente, die zwar das Wort Informatik enthalten, aber nicht das Wort Chemie.

Abstandsoperator NEAR

Eine weitere Einschränkung bietet die Verwendung des Abstandsoperators NEAR. Dabei werden zwei Suchbegriffe so miteinander verknüpft, dass sie im Dokument nur einen bestimmten Abstand zueinander haben dürfen. Der Abstand ist nicht bei allen Suchmaschinen gleich, die Größenordnung liegt bei AltaVista und Fireball bei zehn Wörtern, bei Infoseek bei etwa 100 Wörtern. Man geht davon aus, dass die relative Nähe zweier Suchbegriffe zueinander auch eine inhaltliche Zusammengehörigkeit ausdrückt. So werden die Suchbegriffe Chemie und Biologie, die in einem Dokument weniger als elf Wörter voneinander entfernt sind, eine größere inhaltliche Gemeinsamkeit im Dokument haben, als wenn sie mehr als 100 Wörter voneinander entfernt sind. Die Verwendung des Abstandsoperators birgt allerdings die Gefahr, dass eine große Zahl von Dokumenten ausgeschlossen werden können, wenn der Abstand größer als gefordert ist. So wird in AltaVista die Suchanfrage **Mathematik NEAR Unterrichtsmaterialien** die Dokumente ausschließen, die beide Suchbegriffe in einem Abstand von mehr als zehn Wörtern enthalten.

Phrasensuche

Soll eine Suchanfragen gestartet werden, die alle Dokumente liefert, die beispielsweise den Namen Helmut Kohl enthalten, wendet man die so genannte Phrasensuche an. Die Suchbegriffe müssen in der angegebenen Reihenfolge und direkt nebeneinander stehen. Die Suchanfrage würde für Helmut Kohl also **"Helmut Kohl"** lauten. Die Suchbegriffe werden mit Doppelhochkommata eingeklammert.

Die Phrasensuche ist immer dann einzusetzen, wenn feststehende Begriffe wie z. B. Deutsche Rechtschreibung gesucht werden, aber auch, um bereits besuchte WWW-Seiten zielgenau wieder zu finden.

Suche nach Dokumentattributen

Web-Dokumente besitzen Strukturelemente, die für Suchzwecke ausgenutzt werden können. Hierzu zählen: **Titel, URL, Hostname, Domain, Dateityp und Erstellungsdatum.**

Die Recherche kann nun sinnvoll eingegrenzt werden, wenn man beispielsweise nach einem Titel sucht. Mit den bisher besprochenen Techniken würde das gesamte Dokument durchsucht werden. Mit **title:Bundestagswahl** erhält man alle Dokumente, die im Titel das Wort Bundestagswahl enthalten. Weitere Möglichkeiten sind:

- **host:paderborn** (findet nur Dokumente, die im Rechnernamen das Wort paderborn enthalten),
- **domain:uk** (findet nur Dokumente auf Servern der Domain uk = Großbritannien),
- **url:schule** (findet alle Dokumente, in deren URL schule vorkommt.

Bei der Syntax ist darauf zu achten, dass nach dem Doppelpunkt kein Leerzeichen folgt. Bei AltaVista besteht noch die Möglichkeit die Suchanfrage auf einen Zeitraum zu begrenzen. Man kann auf diese Weise die Suchanfrage so formulieren, dass nur neuere oder aktuellere Dokumente gefunden werden.

Beispielsuche

Es wird nach Informationen zum Thema Ecstasy gesucht. Diese Informationen sollen im Rahmen eines Schulprojektes vorgestellt werden, daher sollten die Informationen einen Bezug zur Schule haben.

Zunächst verschafft man sich mit einem speziellen Begriff einen Überblick. Dies kann man **am schnellsten** mit einem Katalog erreichen. Die Suche nach Ecstasy im Katalog Yahoo ergab insgesamt 21750 Dokumente in 30 verschiedenen Kategorien. Ecstasy scheint also im Internet ein Thema zu sein. Die entsprechende Suchanfrage in der Suchmaschine AltaVista ergibt für den deutschen Sprachraum insgesamt 1668 Dokumente.

Diese Anzahl ist **zu groß**, daher muss die Suchanfrage, d. h. der Suchbegriff durch wei-

tere Informationen präzisiert werden. Von besonderem Interesse ist natürlich die Wirkung, ggf. auch die Wirkungen und die damit verbundenen Gesundheitsgefahren. Hieraus ergibt sich folgende Suchanfrage: **Ecstasy AND (Wirkung OR Wirkungen OR Gesundheitsgefahren)**. Man erhält 410 Dokumente. Nun könnte es durchaus sein, dass Ecstasy in einem anderen als dem gewünschten **Zusammenhang** verwendet wurde. Daher sollten nun Informationen zum Thema ergänzt werden. Hier ist der Zusammenhang Drogen gewünscht. Daher wird die Suchanfrage um *AND Drogen* ergänzt, die Anzahl der Dokumente sinkt auf 326.

Lexikon

Domain = Name des Landes, zu dem das Dokument gehört, meist als Abkürzung am Ende einer URL zu finden (de = Deutschland)
„**gov**" = Kürzel für Regierungsbehörden der USA und nur dort zulässig
Hostname = Name des Rechners, auf dem das Dokument zu finden ist
Hyperlinks = Verweise innerhalb von World-Wide-Web-Dokumenten.
Schlagwort = wird einem Dokument hinzugefügt, um seinen Inhalt entsprechend zu repräsentieren
URL = Uniform Ressource Locator, Adresse
Website = vollständiges Internet-Angebot eines Anbieters, z. B. der ARD
WWW = „World-Wide-Web"

Literatur

Babiak, U.: Effektive Suche im Internet. Suchstrategien, Methoden, Quellen. Köln 1998.
Karzauninkat, S.: Die Suchfibel. Stuttgart 1998.

Literaturrecherchen in Bibliotheken

Karl Peter Ohly

Wer kennt diese Situation nicht. Man ist über einen interessanten Bericht in der Zeitung oder dem Fernsehen gestolpert und möchte mehr wissen. Wo findet man Bücher oder Aufsätze zu dem Thema? Ehe man in einer Bibliothek fündig werden kann, muss man wissen, wie das Buch heißt oder in welcher Zeitschrift ein Aufsatz zu finden ist. Dazu braucht es die **bibliografische Angabe**. Wie man die findet, ist Gegenstand dieses Kapitels.

Die Suche mit **Stichworten** in elektronischen Katalogen von Bibliotheken oder in Datenbanken, die inzwischen in vielen Bibliotheken zugänglich sind, kann uns da weiterhelfen.

Eine solche Suche will vorbereitet sein, ihr sollten drei Orientierungsschritte voraus gehen:

Wo findet man Literatur zum Thema?

Drei Orientierungsschritte

1. Schritt: Fragestellung umreissen

Meist beginnt die Suche mit einer relativ vagen Vorstellung. Zunächst klären wir daher, wo das **Problem** genau liegt und in welche fachlichen Zusammenhänge es sich einfügt. Dazu helfen enzyklopädische **Lexika** (z. B. Brockhaus oder Meyers). Der Stichwortartikel im Lexikon liefert neben den Erklärungen Information über zugehörige Fachgebiete und erlaubt, weitere Stichworte und Personennamen zu sammeln. Den Verweisen zu anderen Stichworten im Lexikon geht man tunlichst so lange nach, bis man das Gefühle hat, einen **ersten Überblick** gewonnen zu haben.

Überblick zum Thema

2. Schritt: Umfeld erkunden und vertiefen

Die nun vorhandenen Informationen erlauben es, ein **Fachlexikon** oder ein **Lehrbuch** heranzuziehen. Falls hier nicht schon die gesuchte Information gefunden wird, lässt sich zumindest ein vertiefter Einblick in den Problemzusammenhang gewinnen. Dabei fallen weitere Stichworte, Eigennamen und Bezeichnungen von mit der Fragestellung verbundenen engeren und weiteren Fachgebieten an. Die Sammlung dieser Stichworte und Namen erleichtert die weitere Suche ebenso, wie eine genauere Formulierung der Fragestellung uns hilft, die Brauchbarkeit des Gefundenen zu beurteilen.

Stichworte sammeln

3. Schritt: Welche Sorte von Literatur?

Nun sollte entschieden werden, welche Art von Informationen eigentlich gesucht werden. Soll die Literatur **allgemein verständlich** oder spezialisiert bzw. **wissenschaftlich** sein? Interessieren eher **Grundlagen** oder aktuelle **Probleme**? Geht es mehr um **Erklärungen**, Beurteilungen oder um empirische Erhebungen und **Daten**? Je nach Gebiet und Absicht wird unterschiedliche Literatur angemessen sein,

Art der Information

auch hier helfen Bibliothekarinnen oder auch Buchhändlerinnen — insbesondere bei aktuellen Fragestellungen — meist gern weiter.
Nun kann die Suche beginnen:

Bibliothekskataloge

Kataloge im Computer

In vielen Bibliotheken sind die Kataloge inzwischen computerisiert und erlauben die Suche mithilfe von Stichworten auf dem Bildschirm. Der Vorteil der Suche in **Katalogen** liegt darin, dass die zu den gefundenen Zitaten gehörige Literatur, falls nicht verliehen, unmittelbar zur Hand ist und ausgeliehen oder wenigstens in der Bibliothek benutzt werden kann. Der Nachteil liegt darin, dass dort nur Bücher und Zeitschriftentitel, nicht aber Zeitschriftenartikel zu finden sind. Zudem erschließen sie der Sache nach nur den **Bibliotheksbestand**, d. h. für die Fragestellung interessante Bücher werden nur gefunden, wenn die Bibliothek sie besitzt.

Bibliografien und Datenbanken

Spezialbibliografien

Es gibt zahlreiche Spezialbibliografien, gedruckt oder auf elektronischen Medien, die — sofern sie Zeitschriften auswerten — meist **periodisch** erscheinen. Auch hier ist es wichtig, sich kundig zu machen, welche Literatur für welchen Zeitraum ausgewertet wurde. Bei gedruckten Bibliografien sucht man über den **Sachindex**, bei computergestützten Datenbanken, die meist in englischer Sprache erscheinen, wird man mit recht gut selbsterklärenden **Bildschirmoberflächen** bei der Suche geführt.

Der Vorteil solcher Bibliografien und Datenbanken besteht darin, dass sie für das behandelte Gebiet die Literatur ziemlich **vollständig** enthalten. Zudem liefern sie neben den üblichen **bibliografischen Angaben** oft eine **Zusammenfassung**, die die Beurteilung der Literaturstelle hinsichtlich ihrer Brauchbarkeit deutlich verbessert.

Dabei sind aber auch **Schwierigkeiten** zu überwinden. Die Datenbanken erscheinen meist in **englischer** Sprache, deshalb müssen dann die verwendeten Schlagworte englisch eingegeben werden. Für eine halbwegs vollständige Suche müssen oft mehrere Jahrgänge gesichtet werden, was sehr aufwendig werden kann. Zudem sind die Berichtszeiträume für unterschiedliche ausgewertete Zeitschriften gelegentlich verschieden und deutschsprachige Zeitschriften sind oft unterrepräsentiert.

— Da Computer nicht denken, reagieren sie sehr empfindlich auf **Tippfehler**.

Fehler bei der Sucheingabe

Sie vergleichen bei den Suchvorgängen **Zeichenfolgen**. Diese Eigenschaft eröffnet aber die Möglichkeit, mit abgeschnittenen Suchwörtern zu arbeiten. So liefert das Suchwort „christ*" alle Titel, die ein Wort enthalten, das mit dieser Zeichenfolge anfängt: z. B. Christen, Christenheit, Christian, christlich usw. Das führt manchmal dazu, dass auch unerwünschte Worte und Literaturzitate gefunden werden.

- Wenn die Suche mit einem Schlagwort unergiebig ist bzw. wenn Vollständigkeit angestrebt wird, sollte man auch **Synonyme** des Wortes oder verwandte Begriffe verwenden.
- Durch die Verwendung von **Ober- bzw. Unterbegriffen** des Schlagworts kann die Suche ausgeweitet oder eingeschränkt werden.
- Oft kann die Suche durch **logische Verknüpfung** (und, oder, nicht) der Suchworte eingeschränkt werden.
- Da es mühsam ist, die gefundenen Literaturangaben herauszuschreiben, bieten manche Datenbanken und Kataloge die Möglichkeit, die interessierenden Literaturangaben mit dem Curser auszuwählen, zu markieren, und die ausgewählten Angaben entweder **auszudrucken** oder auf Diskette **abzuspeichern**, was die anschließende Weiterverarbeitung der Literaturangaben, insbesondere der Zusammenfassungen sehr erleichtert.

War die Suche erfolgreich, beginnt dann das gelegentlich mühsame und zeitaufwändige Geschäft, die angegebene Literatur, die nicht in der Bibliothek vorhanden ist, über Fernleihe in die Hände zu bekommen.

(handschriftliche Anmerkung: zu viele oder zu wenige Treffer)

Literatur

Grund, U./Heinen, A: Wie benutze ich eine Bibliothek? Basiswissen — Strategien — Hilfsmittel. München 1995.
Krämer, W.: Wie schreibe ich eine Seminar-, Examens- und Diplomarbeit? Stuttgart 1995[4].

Arbeit im Archiv

Uwe Horst

Fällt das Wort „Archiv", denken wir an Staub, endlose Regale und düstere Räume — seit die Gauck- bzw. Birthler-Behörde den Zugang zu den Stasi-Akten geebnet hat, ist allerdings viel Staub aufgewirbelt worden und die Bedeutung von Archivfunden unbestritten. Zugleich haben diese Funde aber auch die Schwierigkeiten im Umgang mit Archiven deutlich gemacht: Wo und wie finde ich überhaupt etwas?

Bedeutung und Formen des Archivs

Archive hatten zunächst nur die **Aufgabe**, Behörden- und Verwaltungsschriftgut zu verwahren. Heute findet man dort Schrift-, Bild- und Tondokumente (neuerdings auch elektronische Datenträger) aller Art. Bei der Fülle des Materials ist es oft schwierig zu entscheiden, was aufbewahrt werden soll. Neben der Sammlung und Verwahrung sorgen Archive aber auch für die **systematische Erschließung** und die **Benutzbarkeit** des Archivguts. Jede Archivbenutzung setzt voraus, dass man weiß, was für Archive es überhaupt gibt und welche für die gesuchten Informationen infrage kommen:

Aufbewahrung von Behörden- und Verwaltungsschriftgut

Archive und ihre Zugänglichkeit

— Die größten und bedeutendsten Archive sind die **Staatsarchive**. Hier findet man vor allem das Schriftgut der jeweiligen Staatsregierung und ihrer Behörden. Es gibt sie in jedem Bundesland, manchmal auch für einzelne Landesteile mit entsprechenden Regionalarchiven. Für die (alte) Bundesrepublik war das Bundesarchiv in Koblenz zuständig. Dort liegen auch zahllose Dokumente aus der NS-Zeit. Der Zugang ist wegen der Größe und Entfernung schwierig.

— Zu den **Kommunalarchiven** zählen vor allem die leichter zugänglichen Stadtarchive, sie sind wegen der Nähe und der lokalen Materialien für viele Forschungsvorhaben in der Schule eine ausgezeichnete Fundgrube. Meist findet man dort auch die lokalen und regionalen Zeitungen.

— **Familienarchive** z. B. des Adels oder einflussreicher Familien sind Privatarchive. Hier sind die Zugangsmöglichkeiten sehr unterschiedlich.

— **Kirchliche Archive** für ein Bistum, eine Landeskirche sind in der Regel gut zugänglich, schwieriger ist es da manchmal schon mit den kleinen Pfarreiarchiven. Hier sind die Kirchenbücher von besonderem Interesse, weil man darin viele Namen und Daten zu einzelnen Personen und Familien findet.

— **Wirtschaftsarchive** von Betrieben und Konzernen (z. B. Krupp oder Siemens) werden z. T. aus Imagegründen sorgsam gehütet.

— Die Archive von **Parlamenten, Parteien** und **Verbänden** sind (außer bei manchen Verbänden) meist gut zugänglich.

— Archive der **Medien** (Presse, Rundfunk, Fernsehen) sind zunächst für den Eigenbedarf gedacht, der Zugang ist daher meist schwierig. Bei Lokalzeitungen ist das allerdings oft anders.

Materialien der Archive

Eine der größten Hürden der Archivarbeit besteht darin, dass bis ins 20. Jahrhundert viele Dokumente handschriftlich abgefasst sind und daher oft nur nach **längerer Übung** entziffert werden können. Erst mit dem Siegeszug der Schreibmaschine (vor und besonders nach dem Ersten Weltkrieg) werden z. B. Behördenakten oder Geschäftsbriefe leicht lesbar. Archivarbeit in der Schule wird sich daher vor allem mit Themen aus dem 20. Jahrhundert beschäftigen.

Mit welchen Materialien der Archive lässt sich nun gut arbeiten?

Handschriften als Hindernis der Archivnutzung

Akten
Zusammengeheftete Schriftstücke zu einem Vorgang oder nach zeitlichem Eingang

Karten/Pläne
Flurkarten, Stadtpläne, Grundrisse und Planungsunterlagen

Urkunden,
Einzelschriftstücke, auf Pergament geschrieben, mit Siegeln, oft lateinische Sprache und schwierige Schrift

Druckschriften
Adressbücher, Haushaltspläne, Amtsdrucksachen, Zeitungen

Amts- und Geschäftsbücher
Bücher mit fortlaufenden Eintragungen (z. B. Protokolle, Rechnungsbücher)

Bild-/Tondokumente
Stadtansichten, Fotos, Tonträger, Filmaufnahmen

← schwerer   leichter →

(Entzifferung, Verständlichkeit — abhängig vom Alter der Materialien)

Archivbenutzung

GUTE VORBEREITUNG ERSPART VIEL ZEIT
So sollte man vor einem Archivbesuch klären, zu welchen **Fragen** welche Informationen gesucht werden. Dazu ist ein **Überblick** zum Thema aufgrund der vorhandenen Sekundärliteratur sinnvoll. Darin findet man oft auch schon Hinweise auf Archive.

INFORMATIONEN ZUM ARCHIV
Je größer das Archiv, umso schwieriger der Zugang. Am besten klärt man vorab **Öffnungszeiten** und **Benutzerbedingungen** (z. B. Antrag auf Archivbenutzung, Kopiermöglichkeiten). Vielleicht gibt es auch einen Archivpädagogen oder einen Fachreferenten, mit dem zuvor ein **Beratungstermin** vereinbart werden kann.

organisatorische Klärung

ORIENTIERUNGSHILFEN
Sucht man zu einem bestimmten Zeitraum oder zu einem enger abgegrenzten Thema Materialien, nimmt man die so genannten Findbücher zu Hilfe. Sie enthalten eine detaillierte **Beschreibung der Bestände** (meist einzelne Akten) und die **Signatur**. Die Gliederung dieser Findbücher richtet sich nach der Ordnung des Archivs, die nach dem **Herkunftsprinzip** angelegt ist, d. h. das Archivgut ist nach seiner Herkunft sortiert: Zum Gewässerschutz z. B. findet man also alles Material unter der Rubrik „Wasseramt".

die Arbeit mit Findbüchern

ANFORDERUNG VON ARCHIVMATERIAL
Ist man fündig geworden, bestellt man unter Angabe der Signatur das Material, das aus dem Magazin in den Benutzerraum gebracht wird. Man bestellt gleich mehrere Akten o. Ä., da der Inhalt oft wenig ergiebig ist.

EXZERPTE UND KOPIEN
Wichtige Funde hätte man gerne in Kopien, was wegen möglicher **Beschädigungen** nicht immer gestattet ist. Dann hilft nur Exzerpieren oder auszugsweise Abschrift.

ZEITUNGEN
Sie stellen eine besonders reichhaltige Fundgrube für viele Themen dar und sind leicht zugänglich. In den meisten Archiven können verschiedene Zeitungen eingesehen werden. Das geschieht normalerweise über **Mikrofilme** und entsprechende Lesegeräte, oft sind dies Reader-Printer, d. h. Geräte, bei denen die auf dem Bildschirm sichtbare Seite kopiert werden kann. Wegen der Beliebtheit dieser Geräte gibt es oft **Wartezeiten bzw. Reservierungspläne**.

Zeitungen sind ergiebiges und leicht zugängliches Material

SPERRFRISTEN
Aus Gründen des Daten- und Persönlichkeitsschutzes gilt eine allgemeine Ausschlussfrist von 30 Jahren. Nur Archivgut aus früherer Zeit darf benutzt werden. Reine Personalakten dürfen erst **10 bzw. 30 Jahre** nach dem Tod der betreffenden Person eingesehen werden.

Personenschutz

Literatur

Verein Deutscher Archivare (Hg.): Archive in der Bundesrepublik Deutschland, Österreich und der Schweiz, Münster 1995[15].
Eckhardt, G. F.: Einführung in die Archivkunde. Darmstadt 1990[3].

Historische Museen und Ausstellungen

Uwe Horst

Historische Museen und Ausstellungen zeigen meist historische Originaldokumente und -objekte — das ist allerdings noch keine Garantie dafür, dass man dort die „richtige" oder „wahre" Geschichte erfährt. Denn Auslassungen und bestimmte Gewichtungen, die oft politisch motiviert oder veranlasst sind, können z. B. zu einseitigen Interpretationen führen. Und man kann noch einen Schritt weitergehen: Jeder Versuch, vergangenes Geschehen darzustellen, ist eine **Rekonstruktion**, die vom heutigen Kenntnisstand und gegenwärtigen Ansichten ausgeht und damit immer auch eine bestimmte Sichtweise bietet. Das bedeutet keineswegs, dass z. B. die Präsentationen von Geschichte in Museen und Ausstellungen beliebig sind. Aber die BesucherInnen sollten dabei immer im Gedächtnis behalten, dass es sich um eine — meist wissenschaftlich wohl begründete — **Interpretation** handelt, deren Voraussetzungen im Idealfall (z. B. im Katalog) benannt werden und sich so auch der öffentlichen Kontrolle und Diskussion stellen.

(Museen bieten …)

Bedeutung der Objekte

In historischen Museen und Ausstellungen findet man vor allem Objekte, d. h. die materielle Hinterlassenschaft aus der jeweiligen Epoche: Von den Schwertern und Rüstungen, den Arbeitsgeräten und Maschinen, den alten Urkunden und Stadtansichten geht eine große Faszination aus, weil sie die BesucherInnen scheinbar in unmittelbaren Kontakt mit einer fernen und zugleich fremden Welt bringen. Objekte sind der **Dreh- und Angelpunkt** jeder Ausstellung und jedes Museums. Ihre Präsentation vermittelt das Bild der Vergangenheit. Ausstellungs- und MuseumsmacherInnen müssen sich also genau überlegen, welche Objekte sie wie zeigen. Sie bei diesen Überlegungen zu begleiten, erschließt die Möglichkeiten und Grenzen der Vergangenheitsdarstellung:

— Objekte sind zunächst einmal stumm, d. h. sie sind für die BetrachterInnen außer dem äußeren Augenschein (wertvoll, schön, kunstfertig, …) weithin **unerklärlich**. Sie müssen also durch Texte oder durch Inszenierungen (z. B. Nachbau einer Werkstatt) erläutert werden.

— Objekte sind aus ihrem ursprünglichen Lebenszusammenhang gerissen und isoliert. Um **ihre Bedeutung, ihren Wert** in der Vergangenheit zu verstehen, muss man wissen, wie z. B. ein Kleidungsstück hergestellt und bei welchen Gelegenheiten es getragen wurde oder welches Ansehen es verlieh bzw. ausdrückte.

— Objekte sind Sachen, während es doch eigentlich um die Menschen und ihre Geschichte geht. Gegenstände müssen also

… materielle Hinterlassensch[aft]

Problem der Vergangenheitsdarstellung

Objekte sind stumm …

… isoliert

Sachen – nicht Menschen

z. B. durch Bilder oder **erklärende Arrangements** in Verbindung zu Personen gebracht werden.
— Objekte sind Momentaufnahmen — Entwicklungen und Prozesse lassen sich nur durch das **Nebeneinander unterschiedlicher Entwicklungsstufen** anschaulich darstellen, indem z. B. verschiedene Kücheneinrichtungen über die Erleichterung der Hausarbeit Auskunft geben.
— Objekte sind konkret — **abstrakte Begriffe** wie die Gesellschaftsstruktur einer mittelalterlichen Stadt oder die merkantilistische Wirtschaftsordnung bedürfen der aufbereiteten Darstellungsform durch Grafiken oder Symbole.

Museumstypen

Wandel der Museen und Besucher

Historische Museen entstanden im 19. Jahrhundert und sind Ausdruck bürgerlicher Selbstdarstellung: Herrschaftsgeschichte, Hochkultur und Selbstdarstellung der Oberschicht prägten das Bild. Mit der Demokratisierung der Gesellschaft, v. a. nach dem 2. Weltkrieg ziehen Alltagswelt und breitere Bevölkerungsschichten als Ausstellungsobjekte (z. B. Arbeiter und Arbeitswelt) — und auch als Besucher ins Museum ein. Damit einher geht eine breite Ausfächerung der Museumstypen: Neben dem regionalen Bezug in **Stadt-, Dorf- und Heimatmuseen** entstehen vielfältige **thematisch orientierte Museen** z. B. für die Geschichte von Industrie und Arbeit, Bergbau und Verkehr oder für archäologischen Ausgrabungen. In Freilicht- und Bauernhausmuseen wird die bäuerliche Kultur ausgestellt.

Alle diese Museen sehen ihre **Hauptaufgabe** in der Präsentation und Vermittlung. Damit dies aber geschehen kann, fallen eine Vielzahl weiterer Aufgaben an, die den BesucherInnen meist verborgen bleiben und daher nicht bewusst sind: So beginnt jedes Museum zunächst einmal mit der Sammlung von (Ausstellungs-)Objekten, die dann meist in eigenen Magazinen und Werkstätten so bewahrt, konserviert oder restauriert werden müssen, dass sie präsentabel sind. Damit einher geht die Forschung, um eine angemessene Einordnung und Erklärung bieten zu können. Museen sind wegen dieser langfristigen Tätigkeiten auch Dauereinrichtungen und besitzen meist eine **Dauerausstellung** mit kontinuierlichem Bestand. Zusätzlich zeigen sie zeitlich und thematisch befristete **(Sonder-)Ausstellungen**, die manchmal auch gesondert als große Landes- oder Nationalausstellungen immense Publikumsmengen anziehen (z. B. Staufer-, Salier- und Preußenausstellung).

ausstellen

sammeln

bewahren

forschen

Besuch historischer Ausstellungen oder Museen

ORGANISATORISCHE VORBEREITUNG
Dazu zählen so schlichte Dinge wie **Öffnungszeiten:** Montags sind die meisten Museen/Ausstellungen geschlossen. Manchmal gibt es aber auch eine verlängerte abendliche

Besuchszeit. Wochenenden sollte man vor allem bei großen Sonderausstellungen wegen des großen Andrangs meiden! Aber auch die **Eintrittsbedingungen** sollte man kennen: Schüler- bzw. Studentenausweis für Ermäßigung bzw. Gruppentarif mitnehmen. Manchmal gibt's auch „freie" Tage. Außerdem sollte man klären, ob man an einer **Führung** (Termine, Kosten) teilnehmen möchte und ob es z. B. bestimmte Zeiten für die Demonstration von Maschinen usw. gibt.

Auswahl treffen und Vorbereiten

Die meisten Museen und Ausstellungen sind so umfangreich, dass man längst nicht alles ansehen kann — und manches einen auch gar nicht interessiert. Nach dem Motto „Weniger (ansehen) ist mehr (verstehen)." sollte man den **Mut zur Lücke** haben. Am sinnvollsten ist natürlich eine inhaltliche Vorbereitung anhand eines Katalogs, einer Informationsbroschüre oder auch eines Geschichtsbuches: Dann lassen sich — entsprechend dem Anlass des Besuchs — bestimmte Abteilungen bzw. Themenschwerpunkte schon vorher nach den eigenen Interessen auswählen.

Katalog benutzen

Vorläufige Orientierung

Ein erster **Überblick**, besonders wenn eine inhaltliche Vorbereitung nicht möglich war, ist in jedem Fall empfehlenswert. Dazu kann man sich anhand eines Kurzführers oder Orientierungsplans und eines raschen Gangs durch die gesamte Ausstellung einen ersten Eindruck verschaffen. Dabei fallen meist interessierende Objekte bzw. Abschnitte für die genauere Beschäftigung ins Auge. Dies Verfahren kommt auch denjenigen entgegen, die am liebsten spontan und unverstellt eine Ausstellung als Überraschung erleben möchten. Zur Einführung werden häufig auch Videos gezeigt.

Kurzführer oder Übersichtdurchgang

Der eigentliche Besuch

Man nimmt an einer **Führung** teil, die manchmal mit unterschiedlichen Schwerpunkten angekündigt wird, oder man leiht sich einen sog. **Audio-Führer** aus (Walkman mit Kommentar zu ausgewählten Objekten zum individuellen Rundgang). Ein selbst gestalteter Besuch ist mühsamer, aber vielleicht auch einprägsamer. Dazu kann man den (meist auch als Leseexemplar ausliegenden) **Katalog** benutzen, in dem die einzelnen Abteilungen und Objekte ausführlich beschrieben werden. Häufig gibt es **Faltblätter** zu einzelnen Schwerpunkten oder **Kurzführer** und zunehmend laden **Vorführungen** von Materialien usw. oder **Videos** zu interaktiver Teilnahme ein.

Führung oder selbst gestalte Besuch?

Pausen und Besuchsdauer

Zwei bis maximal drei Stunden hält erfahrungsgemäß die **Aufnahmefähigkeit** der Besucher im Museum an. Spätestens dann oder aber auch schon zwischendurch sollte man eine **Pause** (an der frischen Luft, in der Cafeteria) machen, um die Eindrücke austauschen, im Katalog nachlesen oder im Museumsshop stöbern zu können.

Zeit zum Verarbeiten

Gesichtspunkte zur Erschließung und Bewertung

FRAGEN

Zunächst ist man als BesucherIn **erschlagen** von der Fülle und glänzenden Präsentation einer Ausstellung bzw. eines Museums. Die folgenden **Fragen** sollen die Erschließung, Diskussion und Bewertung des Gesehenen fördern:

— Welche Themen bzw. Schwerpunkte sind erkennbar — und wie verhalten diese sich zu meinen Erwartungen?
— Was fehlt oder ist besonders betont?
— Sind bestimmte Gliederungsprinzipien erkennbar (chronologisch, geografisch, thematisch)?
— Gibt es bestimmte Tendenzen (z. B. Betonung wirtschaftlicher, politischer Aspekte bzw. Ursachen, Wirkung einzelner Personen oder sozialer Gruppen)?
— Sind Grundpositionen und Zielvorstellungen benannt (z. B. im Katalog: Erklärung, Legitimation durch Geschichte)?
— Welche Objekte tauchen auf (Bilder, Fotos, Gegenstände, schriftliche Dokumente, Modelle, Schaubilder, Grafiken, Karten, ...)?
— Wie wird erklärt (z. B. durch Texte, räumliche Arrangements von Gegensätzen)?
— Tauchen Inszenierungen (z. B. Nachbau von Werkstätten oder Wohnraum, eventuell mit Personen) auf und wie wirken sie?
— Wie werden abstrakte Begriffe (wie z. B. Gesellschaftsstruktur oder Handelsbeziehungen) veranschaulicht?
— Kommen handelnde und leidende Menschen (welche sozialen Schichten?) vor und in welchen Zusammenhängen (Krieg, Arbeit, Politik, Kultur) sind sie erkennbar?
— Sind Objekte auf ihren ursprünglichen Lebenszusammenhang (aufwändige Herstellung, alltägliche Verwendung, gesellschaftliche Bedeutung usw.) bezogen?

Literatur

Andraschko, F. u. a.: Geschichte erleben im Museum. Frankfurt/M. 1992.
Borries, B.: Präsentation und Rezeption von Geschichte im Museum. In: Geschichte in Wissenschaft und Unterricht 48, 8/1997, S. 337—443.
Borsdorf, U./Grütter, H. Th. (Hg.): Orte der Erinnerung. Denkmal, Gedenkstätte, Museum. Frankfurt/M., New York 1997.
Geschichte im Museum. In: Geschichte lernen 14/1990.

Oral history

Uwe Horst

Wenn ältere Menschen aus ihrem eigenen Leben erzählen, über ihren Alltag z. B. in Kriegs- und Nachkriegszeit berichten, dann ist dies für die Jüngeren oft eine spannende Reise in die Vergangenheit: Denn vor ihnen sitzt eine Person, die all das, was sie berichtet, selbst erlebt, erlitten und erfahren hat. Weder ein Film noch ein (Geschichts-)Buch können diese unmittelbare Begegnung ersetzen.

Begegnung mit Zeitzeugen

Oral history macht sich diesen unmittelbaren Zugang zu „ExpertInnen" der eigenen Vergangenheit zu nutze, indem sie — wörtlich übersetzt — „mündliche Geschichte" betreibt. Das heißt, diese Methode zur Erforschung der Vergangenheit besteht im Kern daraus, dass man **Interviews** mit einzelnen Menschen über deren Erinnerung an die eigene Lebensgeschichte und an allgemeine historische Ereignisse macht. Damit diese mündlichen Berichte vollständig erhalten bleiben, werden sie meist mit Tonband aufgenommen, auf dessen Basis dann eine Auswertung und Interpretation stattfindet.

Aufzeichnungen per Tonband

Begriff und Chancen

Die Interviews konzentrieren sich auf eigene Erlebnisse und Erfahrungen der befragten Personen. In dieser Konzentration liegen die besonderen **Möglichkeiten der Oral history**: Die Lebensgeschichte einer einzelnen Person macht deutlich, was historische Ereignisse oder Brüche wie z. B. das Kriegsende konkret bedeutet haben und wie Menschen damit umgegangen sind. Diese Erfahrungs- und Verarbeitungsmuster prägen und erklären späteres Denken und Handeln. Es ist die eigene Lebenswelt, der Alltag, für den die Interviewten ExpertInnen sind: z. B. die Routine der Arbeitswelt in Fabrik oder Haushalt, die Rolle persönlicher Beziehungen im Wohnquartier, in der Vereins- oder Gewerkschaftsarbeit — kurz der **Alltag** der so genannten kleinen Leute, über den es meist keine schriftlichen Aufzeichnungen gibt und der durch solche Interviews bewahrt wird. Oral history lenkt damit den Blick auf die subjektive Seite der Geschichte und ergänzt die allgemeine und generalisierende Sichtweise.

individuelle Lebensgeschichte statt allgemeiner Geschichte

Grenzen

Allgemeine Daten und Ereignisse zur „großen Geschichte" lassen sich leichter und schneller z. B. in Geschichtsbüchern nachschlagen. Dazu taugen die Erinnerungsinterviews schon deshalb nicht, weil unser **Gedächtnis** bekanntlich ziemlich **unzuverlässig** ist. Überhaupt stellt die Frage nach der Funktion und Zuverlässigkeit des Gedächtnisses das zentrale Problem der Oral-history-Methode dar:

Erinnerungen verändern sich

Meist liegen zwischen den geschilderten Ereignissen oder Erlebnissen und dem Erinnerungsinterview viele Jahre, sodass sich die ursprünglichen Wahrnehmungen verändert haben: Manches Unangenehme wird z. B. verdrängt oder beschönigt. Neue Erfahrungen und gewandelte Einstellungen lassen früher Erlebtes in verändertem Licht erscheinen. Es gibt den Wunsch, eigenes Handeln nachträglich zu rechtfertigen oder das Bedürfnis, sich an gegenwärtige Deutungsmuster anzupassen. Dies alles geschieht zumeist unbewusst, kann allerdings auch absichtsvoll in ein Interview einfließen. Als **Kontrollinstrumente** sollten daher in jedem Fall (behutsame) Nachfragen im Interview selbst, aber auch der Vergleich mit anderen Interviews und anderen Quellen bzw. Sachinformationen verwendet werden.

Die Praxis von Oral history

Zeitaufwand, technische Vorbereitung, Einfühlungsvermögen

Interviews mit Zeitzeugen sind meist spannend und vermitteln ungewohnte Einblicke in frühere Zeiten — sie sind aber auch zeitaufwendig, erfordern Einfühlungsvermögen und sowohl sachliche als auch technische Vorbereitung. Für die praktische Durchführung eines Oral-history-Projekts lassen sich etwa folgende Stationen nennen:

THEMENWAHL UND INTERVIEWPARTNERIN

Zunächst sollten das Thema und die leitende **Fragestellung** bestimmt werden. Wenn es z. B. um die Situation Jugendlicher in den ersten Jahren nach dem 2. Weltkrieg geht, dann muss geklärt werden, in welchem geografischen Rahmen (die eigene Stadt, der Landkreis?) und mit welchen Schwerpunkten (allgemeine Lebensbedingungen, Schwierigkeiten der politischen Orientierung?) gearbeitet werden soll. Auf dieser Basis kann dann eine erste Sachorientierung (politische, ökonomische Verhältnisse usw.) geschehen. Erst dann sollte man darangehen InterviewpartnerInnen zu suchen. Denn dabei kommt es auf die Auswahl an, die sich nach den Schwerpunkten (geografisch, thematisch) und nach einer gewissen, immer nur sehr begrenzt möglichen Repräsentativität (soziale Schicht, politische und religiöse Position usw.) richtet. **Erste Kontakte** lassen sich am leichtesten über Verwandte und Bekannte, aber auch über einschlägige Vereine und Verbände (z. B. Jugendorganisationen) oder Zeitungsaufrufe knüpfen. Auch Museen, Stadtarchive und die örtliche VHS sind bei der Suche behilflich. Mit einem kleinen Brief (oder einem Telefongespräch) sollten die künftigen InterviewpartnerInnen über das Vorhaben informiert werden.

Thema eingrenzen und sich informieren …

… erst dann InterviewpartnerInnen suchen

INTERVIEWVORBEREITUNG

Nach diesen ersten Kontakten können innerhalb einer Arbeitsgruppe dann die InterviewpartnerInnen aufgeteilt werden.
Jedes Interview-Team (2–3 Personen) kann dann mit „seinen" PartnerInnen Ort (möglichst in der vertrauten Wohnung, auch wegen weiterer Erinnerungsmaterialien) und Termin

Verabredung zum Interview

(2—3 Stunden Zeitdauer einkalkulieren) absprechen. Dabei kann nochmals der Zweck des Vorhabens erläutert werden und in jedem Fall sollte um Erlaubnis gebeten werden, das Gespräch mit einem Kassettenrekorder aufnehmen zu dürfen. Dies bedarf manchmal der Erläuterung, ist erfahrungsgemäß aber schnell akzeptiert.

Über diese meist telefonischen Kontakte stellt sich vielleicht schon eine gewisse **Vertrautheit** her, die für die Offenheit während des Interviews von großer Bedeutung ist und die durch zusätzliche Informationen über die InterviewpartnerInnen (z. B. früheres Tätigkeitsfeld, berufliche und private Verhältnisse) noch verstärkt werden kann. Gemeinsam sollte dann in der Arbeitsgruppe anhand der leitenden Fragestellung ein **Interview-Leitfaden** (s. S. 50—51) erstellt werden. Spätestens zu diesem Zeitpunkt müsste geklärt werden, ob die Interviews zu bestimmten thematischen Schwerpunkten (wie bei dem genannten Beispiel) geführt werden sollen oder ob es biografische, d. h. Interviews zum gesamten Lebenslauf werden sollen. In jedem Fall empfiehlt es sich, einzelne Fragenkomplexe zu bilden (z. B. Jugendorganisationen, Schule, Freizeitmöglichkeiten, ...), sie mit einer offenen Ausgangsfrage zu verbinden und dann um einzelne Stichworte (als mögliche Nachfragen) zu ergänzen.

Schließlich kann mit diesem Leitfaden auch ein **Interviewer-Training** laufen. Das gibt dann auch Gelegenheit, sich mit der Technik des Kassettenrekorders (Mikro, Batterien, Lautstärke usw.) vertraut zu machen.

Biografisches oder Schwerpunkt-Interview?

DURCHFÜHRUNG DES INTERVIEWS

Zur **Einstimmung** eignet sich ein zunächst allgemeines Gespräch (nicht gerade über das Wetter, aber über die Anfahrt zum Interviewort, die eigene Schule usw.). Erst dann sollte man den Kassettenrekorder installieren und die eigenen Unterlagen herausholen. Spätestens jetzt wird den InterviewpartnerInnen klar, dass sie ihre Erinnerungen aus der Hand geben. Zuweilen auftretende Bedenken lassen sich ausräumen, wenn man die **Anonymisierung** zusichert, also alles, was die Identifizierung der Person ermöglicht (Namen, bestimmte Individualdaten) weglässt bzw. verändert.

Die Irritation durch ein mitlaufendes Band legt sich erfahrungsgemäß rasch. Das eigentliche Interview läuft im Idealfall in **zwei Phasen** ab: Zunächst erhält der oder die InterviewpartnerIn Gelegenheit frei und nach eigenem Gutdünken zu berichten, ohne dass die InterviewerInnen eingreifen. So können sich die Erinnerungen entfalten, Bedeutungsschwerpunkte entwickeln und viele in der Vorbereitung nicht bedachte Aspekte werden auftauchen. Hier führt seitens der InterviewerIn Offenheit und Neugier für bisher Unbekanntes oft zu neuen Erkenntnissen. Erst in der zweiten Phase spielt der Leitfaden eine Rolle (Schließung von Lücken, bisher nicht angesprochenen Themen). Jetzt sind auch **Nachfragen** notwendig, weil man vielleicht einiges widersprüchlich oder erklärungsbedürftig findet. In jedem Fall sollte dies behutsam und respektvoll geschehen — die InterviewpartnerInnen berichten als ExpertInnen über ihre ihnen selbst meist wertvol-

1. freier Beric[ht]

2. Orientierun[g] am Leitfaden

behutsame Fragestellung

le Lebensgeschichte und ein anklagender Frageton, gar eine Aufforderung zur Rechtfertigung für bestimmtes Handeln sind in aller Regel unangemessen. Sie führen überdies zum Verstummen der GesprächspartnerIn oder zu stark gefilterten Informationen.

Zum Schluss, der sich oft nach 2—3 Stunden mit Ermüdungserscheinungen ankündigt, sollte man (neben dem Dank) die **weitere Verwendung** des Interviews ansprechen, um Nachfragemöglichkeiten bitten und zusichern, dass Ergebnisse an die InterviewpartnerIn weitergegeben werden.

INTERVIEWAUSWERTUNG

Hier geht es zunächst um eine technische Seite: Die Kassette(n) werden mit Namen und Daten versehen. Einige Notizen **(Interviewprotokoll)** zur Atmosphäre, weiteren Materialien, eigenen Eindrücken usw. ergänzen das eigentliche Interview. Zur Auswertung muss das Interview verschriftlicht werden. Dies kann entweder vollständig geschehen (Transkription), was allerdings einen sehr hohen Arbeitsaufwand bedeutet, oder in Auszügen zu themenbezogenen Aspekten (mit wörtlichen Zitaten zu Kernaussagen). In jedem Fall empfiehlt sich, die Bandzählung exakt zu notieren. Die **eigentliche Interpretation** ähnelt in vielen Punkten einer historischen Quelleninterpretation, ist aber durch eine Reihe von Besonderheiten geprägt:

— Das Interview ist ein gemeinsames Produkt von Befragten und Interviewern, d. h. Letztere gestalten die historische Quelle aktiv mit durch Nachfragen, Widerspruch usw. — und folglich müssen diese Interessen, Absichten bei der Interpretation berücksichtigt werden: Vielleicht haben die InterviewpartnerInnen in der Dialogsituation auf solche Interessen besondere Rücksicht genommen und ihre Darstellung entsprechend angepasst?

— In der Darstellung der eigenen Lebensgeschichte oder auch einzelner Ereignisse und Erlebnisse neigen Menschen dazu, diese als sinnvoll zu interpretieren. Gerade diese **Sinnkonstruktion** und Bedeutungszuweisung bestimmter Ereignisse ist für die Interpretation interessant, weil sich hier Vorstellungen von erfolgreicher oder sinnvoller Lebensführung abzeichnen, die auf gesellschaftliche Werte und Normen Bezug nehmen.

— Wie unzuverlässig unser Gedächtnis ist, wurde bereits angesprochen; mit (meist unbewussten) Strategien der Verdrängung, Rechtfertigung und Neuinterpretation ist also zu rechnen. Für die Interpretation folgt daraus die Frage nach **Glaubwürdigkeitskriterien**: Spontane, konkrete und detaillierte Darstellungen, eher von Alltagsroutine und eigener Lebenswelt, denn von Ereignissen und Daten der großen Geschichte geprägt, besitzen ein hohes Maß an Glaubwürdigkeit. Eine bestimmte Wortwahl, Versprecher, Pausen oder z. B. Lachen können Hinweise sein auf stark kontrollierte Aussagepassagen.

— Als **Kontrollmöglichkeiten** zu einzelnen Aussagen oder ganzen Passagen im Interview kann zunächst die direkte Nachfrage

---

verschiedene Formen der Verschriftlichung

Interviewer beeinflusst die Quelle

Sinngebung verweist auf Normen und Werte

Hinweise auf Selbstkontrolle des Interviewpartners

Wie lassen sich Aussagen kontrollieren?

angesehen werden. Darüber hinaus bietet sich der Vergleich mit anderen Interviews und mit den in Fachliteratur, Archiven usw. enthaltenen Aussagen an. Dies führt zur Frage, in welchem Maße aus Interviews mit einzelnen Personen allgemeine Aussagen ableitbar sind: Jede Lebensgeschichte enthält zunächst und als Charakteristikum die subjektive und individuelle Wahrheit der Einzelperson, ihre Aussagen sind aber bei Einordnung in allgemeine Rahmenbedingungen auch generalisierbar.

Literatur

Niethammer, L. (Hg.): Lebenserfahrung und kollektives Gedächtnis. Die Praxis der „Oral History". Frankfurt/M. 1984^2. (theoretisches und praktisches Grundlagenwerk)

Geppert, A. C. T.: Forschungstechnik oder historische Disziplin? Methodische Probleme der Oral History. In: Geschichte in Wissenschaft und Unterricht 45/1994, S. 303 ff. (Überblick zur Methoden-Diskussion)

Siegfried, D.: Zeitzeugenbefragung. Zwischen Nähe und Distanz. In: Dittmer, L., Siegfried, D. (Hg.): Spurensucher. Ein Praxisbuch für historische Projektarbeit. Weinheim, Basel 1997, S. 50 ff. (praxisorientierte Einführung)

Beispiel für einen (gekürzten) Interviewleitfaden

Thema des Interviews ist die **Situation der Jugend nach 1945**, möglichst im Bielefelder Raum. Wir haben das Thema aufgefächert in verschiedene Unterpunkte, die in den einzelnen Interviews unterschiedliches Gewicht dadurch erlangen können, dass die Zeitzeugen verschiedene Erlebnisse und Erinnerungen hatten und haben. Einleitende Fragen und einzelne Stichworte sollen helfen, die verschiedenen Unterpunkte anzusprechen. Der gesamte Leitfaden sollte nicht „abgearbeitet" werden, sondern hilft, nichts Wichtiges zu vergessen.

Familie/Alltagssituation
Wir haben in einem Film gesehen und auch gelesen, dass die Situation im Alltag sehr schwierig war.
— Wie sah Ihre Familiensituation aus?
— Welche großen Probleme kamen im Alltag auf Sie zu?
— Wo gab es die größten Versorgungsengpässe?
— Wie haben Sie gewohnt?
— Wie haben Sie den Schwarzmarkt erlebt?

Jugendorganisation/Jugendliche untereinander
— Jugendorganisationen ...
— Jugendliche untereinander ...

Schule
Ich habe gehört, dass das Schulsystem nach dem Kriegsende ziemlich zusammengebrochen war. Sind Sie damals noch zur Schule gegangen? Wie haben sie diese Schulzeit erlebt?
— Organisationen der Schulzeiten (vormittags/nachmittags, „Schichtunterricht")
— Alte Lehrer/Neue Lehrer: Was hat sich verändert?
— Lerninhalte

Werte/Normen/Perspektiven
Nach dem Ende des 2. Weltkriegs sind die bis 1945 gültigen Werte und Normen quasi von einem Tag auf den anderen durch Verbot aus der Öffentlichkeit verschwunden.
— Wie haben Sie den Umgang mit diesem Wertewandel und der Notwendigkeit zur Neu-Orientierung erlebt?
— Welche Perspektiven erblickten die Jugendlichen in dieser Situation?
— Welche Wunschvorstellungen für die Zukunft gab es?
— Berufsvorstellungen? ...

Jugendkriminalität/abweichendes Verhalten
Nach 1945 war die Jugendkriminalität sehr hoch angestiegen. Haben Sie davon gehört, dass Jugendliche z. B. auf dem Schwarzmarkt tätig waren oder Kohlen organisierten? ...

Jugend und Politik
Ich kann mir denken, dass nach 1945 die Politik wesentlich oder sogar gänzlich von den Besatzern diktiert wurde. Außerdem könnte ich mir vorstellen, dass viele Menschen nach ihren Erfahrungen mit der nationalsozialistischen Herrschaft nichts mehr mit Politik zu tun haben wollten. Wie empfanden Sie die Stimmung?
— Entnazifizierung
— politische Jugendorganisationen
— Demokratisierung
— Besatzungspolitik

„Vertriebene" Jugendliche
Viele Jugendliche sind aus ihrer Heimat vertrieben worden oder geflüchtet. Haben Sie selbst Derartiges erlebt oder können Sie sich an Ereignisse dieser Art in ihrem Umfeld erinnern? ...

Umgang mit Besatzern
Ihr Wohngebiet wurde ja durch amerikanisches bzw. britisches Militär besetzt. Die Menschen haben die Besetzung damals sehr unterschiedlich erlebt. ...

Mitschreiben und Mitschrift

Hans Kroeger

Im Zeitalter der Kopierer und Computer, der zahlreichen Veröffentlichungen von Aufsätzen und Büchern mag es manchem aufwändig und altmodisch erscheinen, Gehörtes mitzuschreiben. Dennoch gibt es gute **Gründe**, sich sowohl für die Tätigkeit des Mitschreibens als auch für deren Ergebnis, die Mitschrift, einzusetzen:

Das Mitschreiben als Tätigkeit hat große Bedeutung für den **Lern- und Verstehensprozess**: Die aktive Mitarbeit beim Zuhören fördert die **Aufmerksamkeit** und **Konzentration**. Beim Mitschreiben wird das Gehörte zumindest teilweise in die eigene Sprache übertragen und damit selbstständig angeeignet. Schon aus Zeitgründen kann nicht alles mitgeschrieben werden: Diese notwendige Begrenzung fordert vom Zuhörer, die für ihn wichtigen Informationen, Anregungen, Hinweise auszuwählen und festzuhalten.

Die Mitschrift als Produkt des Mitschreibens kann je nach Arbeitszusammenhang **verschiedene Funktionen** haben und dementsprechend unterschiedlich gehandhabt werden. Es ist wichtig, sich beim Mitschreiben der späteren Verwendung des Mitgeschriebenen bewusst zu sein. Dabei sollte man auch im Auge haben, welche Materialien (Handout, Literaturlisten, Internet-Informationen) der Vortragende ggf. selbst zur Verfügung stellt.

Aktivierung beim Zuhören

Begrenzung aus Zeitgründen

spätere Verwendung bedenken

Mitschrifttypen

Je nach Funktion und angestrebtem „Haltbarkeitsdatum" lassen sich hauptsächlich drei Typen von Mitschriften unterscheiden:

2.1 Der „Kurzzeittyp"

In diesem Fall dient die Mitschrift dazu, im Anschluss an ein Referat, eine Filmvorführung o. Ä. kurzfristig die **Grundlage für ein Gespräch** oder eine Diskussion herzustellen. Nach dieser Verwendung hat die Mitschrift ihren Nutzen erfüllt und kann ggf. weggeworfen werden.

Tipp: Beim „Kurzzeittyp" sollte vor allem mitgeschrieben werden,
— was mir auffällt
— was ich noch nicht verstanden habe und evtl. nachfragen möchte
— wozu ich eine andere Meinung habe (Kritikpunkte)
— welche eigenen Ideen, Erinnerungen o. Ä. mir zum Vorgetragenen bzw. Gesehenen einfallen.

Bei diesem Mitschrifttyp kommt es weniger auf ein sorgfältiges und gegliedertes Mitschreiben an. Offene Formen, z. B. auch in der Art eines Mindmappings, können zum Finden der eigenen Gedanken hilfreicher sein.

Möchte man allerdings etwas nachfragen oder kritisieren, ist es empfehlenswert, die entsprechenden Passagen möglichst wortgetreu zu notieren, um sich direkt darauf beziehen zu können.

Nach Verwendung Mitschrift entsorgen!

DER „MITTELSTRECKENLÄUFER"

Häufig werden Mitschriften dazu benutzt, den Arbeitsprozess innerhalb eines zeitlich begrenzten Vorhabens **(Kurs, Seminar, Projekt)** zu unterstützen. Je klarer das eigene Arbeitsziel — Bestehen einer Klausur, Anfertigen einer Hausarbeit oder eines Referats, Grundlage für eine Kleingruppenarbeit — ist, desto prägnanter können beim Mitschreiben nützliche Informationen und Hinweise ausgewählt und festgehalten werden.

Festhalten nützlicher Infos und Hinweise

Tipp: Beim „Mittelstreckenläufer" sollten Sie alles mitschreiben, was für die eigene Arbeit noch verwendet werden kann. Dazu zählen vor allem:
— Begriffe, Definitionen, Begriffshierarchien
— methodische Hinweise
— sachliche Anregungen
— bibliografische Angaben
— Schaubilder, Übersichten und deren Erläuterungen.

Nicht mitgeschrieben werden sollte, was man leicht selbst nachschlagen kann: **Biografische Angaben, enzyklopädische Informationen** usw. — Auch die Mitschriften dieses Typs können nach Abschluss des Arbeitsvorhabens ggf. ihre Funktion erfüllt haben und nicht weiter aufbewahrt werden.

nicht mitschreiben:

DER „EWIGKEITSTYP"

Dem Mitschreiben „für die Ewigkeit" liegt die Einschätzung zugrunde, dass das Gehörte **(Vortrag, Vorlesung, Debatte)** bedeutsam sei und eine Mitschrift davon in noch nicht absehbarer Zeit Verwendung finden könnte.

bedeutsame Inhalte

Der Nutzen der Mitschrift wird also darin erwartet, zu einem späteren Zeitpunkt das Gehörte gedanklich möglichst gut nachvollziehen, evtl. auch erweitern und zu einem im Moment noch nicht erkennbaren Zweck verwenden zu können.

Tipp: Beim „Ewigkeitstyp" kommt es darauf an, die **zentralen Aussagen** und die gedankliche **Gliederung** des Vorgetragenen zu erfassen und festzuhalten. Dies bedeutet im Einzelnen:
— sorgfältige Kennzeichnung und Gestaltung der Mitschrift
— Gliederungsmerkmale des Vorgetragenen erkennen und/oder übernehmen
— Platz lassen für spätere Ergänzungen
— Überarbeitung, evtl. sogar Reinschrift des Mitgeschriebenen nach dem Vortrag
— Problem der Archivierung lösen (Ablagesystem nach Datum, Ordnungsbegriffen o. Ä.).

Nach dem Vorbild der Vorlesungsmitschrift wird der „Ewigkeitstyp" oft mit der Mitschrift generell gleichgesetzt (Bünting 1996, S. 25 ff.). Er ist auch zweifellos der anspruchsvollste Mitschrifttyp. Gleichwohl haben die weniger aufwändigen Typen durchaus wichtige Funktionen für den Arbeitsprozess und sollten ggf. auch als Vorstufen des „Ewigkeitstyps" geübt werden.

Praktische Hinweise

Die folgenden praktischen Hinweise sollten beim „Ewigkeitstyp" generell beachtet werden. Für die beiden anderen Typen gelten sie in abgestufter Form.

Selektion nach Wichtigkeit

- Schon vor oder gleich zu Beginn des Zuhörens sollten Sie klären, zu welchem **Zweck** Sie mitschreiben wollen. Je nach Verwendungszweck werden Sie beim Zuhören darauf achten, welche Informationen für Sie wichtig sind und daher in entsprechender Form mitgeschrieben werden sollten. Gute Referenten geben oft selber Hinweise, welche Teile ihres Vortrags (Definitionen, Thesen, Zusammenfassungen, Literatuhinweise usw.) von besonderer Bedeutung sind!
- Voraussetzung jeglichen Mitschreibens ist das Mitbringen geeigneten **Schreibmaterials!** Beim Papier sollten Sie sich auf ein Format, in der Regel A4, und auf lose Blätter oder Karteikarten zum späteren Abheften festlegen.
- Der **obere Blattrand** sollte generell mit den wichtigsten Zuordnungsmerkmalen versehen werden: Nachname des Referenten bzw. der Referentin, abgekürztes Thema, Datum, Seitenangabe.
- Um die Mitschrift übersichtlich und für spätere Ergänzungen offen zu gestalten, sollten Sie immer einen **Rand** (**ca. 1/4** der Blattbreite) lassen und nicht zu engzeilig schreiben.
- Gliederndes **Einrücken** fördert das (Wieder-)Verstehen, ebenso ggf. Pfeile, Klammern u. Ä.
- Angesichts der sich oft einstellenden Zeitnot empfiehlt sich ein möglichst einheitliches und später gut wieder entzifferbares **Abkürzungssystem** (z. B. mathematische Zeichen wie +, = usw., Tilgung von Endsilben: *Rechng, öffentl.* usw.).
- Zur Zeitersparnis sollten Sie in der Regel **keine ganzen Sätze**, sondern eher stichwortartige Formulierungen festhalten. Wörtliche Mitschrift ist allerdings bei Definitionen, Anträgen und Beschlüssen erforderlich.
- Besonders wichtige und nützliche Informationen können Sie gleich beim Mitschreiben kennzeichnen und **hervorheben**: z. B. Def. (Definition), Lit. (Literaturhinweis), T. (Termin), Krit. (Kritik) usw.

Fazit

Auch wenn bisweilen der Nutzen der Mitschrift im Arbeitsprozess noch nicht erkennbar ist, so fördert die Tätigkeit des Mitschreibens in der Regel doch die eigene Aktivität des Aufnehmens und Verstehens erheblich. Selbst ein gezeichnetes (Schau-)Bild kann ein Dokument des aufmerksamen und erfassenden Zuhörens sein!

Literatur

Bünting, K.-D.: Schreiben im Studium. Berlin 1996. Kap. 2.1: Die Mitschrift.
Junne, G.: Kritisches Studium der Sozialwissenschaften. Stuttgart 1976. Abschnitt 6.4.1: Das Mitschreiben während der Diskussion.
Pohl, W.: Das Lernen lernen. Mitschrift und Mitarbeit. Internet-Material der Universität Oldenburg 27.9.1997. http//www-ni.schule.de/-pohl/lernen/kurs/lern-0.3.htm#TQ3L.
Rückriem, G./Stary, F.: Die Technik wissenschaftlichen Arbeitens. Paderborn 1983[3].
Stadler, H. (Hg.): Texte und Methoden. Berlin 1995. Abschnitt Mitschrift S. 109.

Beispiel einer Mitschrift

Schütz, Jugend (2)   27.5.98

3. Einfluß d. neuen Medien
   Def. Neue Medien = TV, Computer, Internet, CD-ROM

   - Elternhaus
   - Freizeit   → Lit. L. Stanko: Jugend-
   - Schule   kultur im Medien-
                         zeitalter 1997.

4. Bedrohung durch Arbeitslosigkeit
      → neue Shell-Studie Kap. 7

Mit Texten/Material umgehen

... bedeutet ganz unterschiedliche Informationsträger — meist allerdings Texte — zu bearbeiten, analysieren und interpretieren: In einer Gruppe von Artikeln geht es um Grundlagen der Textbearbeitung, hier werden unterschiedliche Möglichkeiten der Markierung (**Textmarkierungen**) vorgestellt, auf deren Grundlage sich dann Tipps zur **Textzusammenfassung** oder zum **Textvergleich** entwickeln lassen.

Eine andere Gruppe von Artikeln bietet Ansätze zur Analyse und Interpretation ganz unterschiedlicher Medien. Sie reichen von der Untersuchung von Spielfilmen (**[Spiel-]Filmanalyse**) über die Bildinterpretation (**Bildbeschreibung und -analyse**) bis zur Anleitung zum Hören von Musik (**Musik beschreiben**).

Darüber hinaus geht es auch hier wiederum um Texte — allerdings sehr unterschiedlicher Art, die jeweils eigenen Regeln der Analyse und Interpretation folgen: Am allgemeinsten sind die Hinweise zur **Bearbeitung von Sachtexten**, unter denen die **Nachrichten- und Zeitungsanalyse** wiederum einen Sonderfall darstellt. Systematisch ist hier auch die Methode der historischen Quelleninterpretation (**Interpretation Historischer Quellen**) anzusiedeln, während die Hilfestellung bei **Begriffserklärungen** und der Bearbeitung bzw. **Analyse sozialwissenschaftlicher Theorie** zum analytischen Arbeiten anleiten.

Eine letzte Gruppe von Artikeln steht am Übergang zur Textproduktion: Die Anregungen zur Anfertigung eines **Naturwissenschaftlichen Versuchsprotokolls** und die Tipps zur **Interview-Technik**.

(Spiel-)Filmanalyse

Josef Bessen

Es ist sinnvoll, die Filmanalyse mit einer Untersuchung der Filmhandlung und der Filmfiguren zu beginnen. Dadurch wird zunächst eine allgemeine **Gesamtstruktur** des Films beschrieben, auf die sich dann die Beschäftigung mit den filmischen Darstellungsverfahren beziehen kann. Diese Detailanalyse ermöglicht dann Bestätigungen, Ergänzungen, Präzisierungen und Modifikationen der vorher erarbeiteten Ergebnisse.

Filmhandlung und Filmfiguren

Kategorien für die Analyse der Filmhandlung können sein: der **Handlungsablauf** (Ausgangspunkt, Entwicklung, „Lösung"), die **Handlungsformen** (individuell/kollektiv, verbal/physisch, rational/emotional, spontan/kalkuliert usw.), die **Handlungsbereiche** (privat/öffentlich/beruflich/politisch), die **Handlungszeit** (Gegenwart/Vergangenheit/Zukunft), der **Handlungsort**.

(Aspekte der Handlung)

Bei den Filmfiguren spielen Kategorien wie äußere **Erscheinung**, sozialer **Status**, **Geschlecht**, ethnische oder soziale **Zugehörigkeit**, psychische und moralische **Qualitäten**, Handlungsmotivationen, Aktivität/Passivität sowie die Position in der **Figurenkonstellation** eine Rolle.

(Aspekte der Figuren)

Da diese Aspekte zusammenwirken, ist zu untersuchen, ob z. B. mit einem Happyend Eigenschaften von Figuren belohnt werden („siegt" der/die „Gute"?) oder ob Beziehungen zwischen ethnischer, sozialer, geschlechtlicher Zugehörigkeit und beispielsweise Marginalisierungen in bestimmten Handlungsbereichen bestehen. So ist z. B. in „Casablanca" wichtig, dass Ilsa fast ausschließlich im privaten Handlungsbereich der Liebe handelt und Viktor Laszlo fast ausschließlich im öffentlichen Handlungsbereich der Politik. So wird einerseits ein bestimmtes Bild von der Rolle der Frau produziert, andererseits die zentrale Funktion von Rick unterstrichen, zieht er doch in beiden Bereichen die Fäden.

(Zusammenwirken der Teilaspekte)

Wie solche Beobachtungen ist für die Analyse eines Films interessant, ob die Handlung aus der Sicht einer Figur oder der eines distanzierten Beobachters gezeigt wird, weil damit unterschiedliche Wirkungen erzielt werden. Zu fragen ist schließlich, für welche Figuren Sympathie bzw. Antipathie provoziert werden soll, bzw. von welchen Figuren Angebote ausgehen, sich mit ihnen zu identifizieren. Dies ist besonders relevant für die **Perspektive**, die der Film den Zuschauern nahe bringen will.

Filmische Darstellungsverfahren

Bei der Analyse der filmspezifischen Verfahren ist es wichtig, sich die **Zeitverhältnisse** und die

Wirkung der visuellen Darstellung zu vergegenwärtigen. In Mary Shelleys Roman „Frankenstein" (1818) wird zwar die äußere Erscheinung des Monsters eindrucksvoll beschrieben. Aber ihre Wirkung ist deutlich anders als in dem gleichnamigen Film (1931), wo diese äußere Erscheinung immer dann wirkt, wenn der Hauptdarsteller Boris Karloff zu sehen und damit sinnlich präsent ist. Andererseits kann gerade die **sinnliche Wahrnehmbarkeit** der visuellen Darstellungsverfahren — zumal in Kombination mit akustischen Effekten — auch in sehr kurzen Szenen oder Sequenzen (Folgen von Szenen, die eine inhaltliche Einheit bilden) bei den Zuschauern eine länger anhaltende und nachdrückliche Wirkung entfalten.

Die wichtigsten filmischen Darstellungsverfahren sind die Einstellungsgröße, die Perspektive, die Kamerabewegung und die Montage (bzw. der Schnitt).

EINSTELLUNGSGRÖSSE

Als Einstellung bezeichnet man eine Bildfolge zwischen zwei Schnitten. Lässt man, was für die filmanalytische Praxis angemessen ist, gelegentlich auftretende Unterschiede in der Abgrenzung und Ausdifferenzierung unberücksichtigt, werden folgende Bezeichnungen für Einstellungsgrößen am meisten gebraucht [in Klammern stichwortartig Beispiele für das, was oft gezeigt wird]:

— Detail (D, Nr. 1) [z. B. Teil eines Gesichts, Eindruck von Nähe, Emotionen]
— Groß (G, Nr. 2) [Kopf, Mimik in Gesprächssituationen]
— Nah (N, Nr. 3) [Kopf mit Brust, Hinweise auf sozialen Kontext, z. B. Teil der Kleidung, des Mobiliars]
— Amerikanische (A, Nr. 4) [vom Kopf bis zum Oberschenkel, wo beim Showdown im Western die Pistole zu sehen ist, die gleich gezogen wird, bei Gesprächen Partner und Reaktionen mit im Bild]
— Halbtotale (HT, Nr. 5) [Person ganz, räumliches Umfeld deutlicher, Distanz zum Zuschauer größer, körperliche Aktionen, Gruppen]
— Totale (T, Nr. 6) [Person bzw. Gruppe in der Szenerie]
— Weit (W, Nr. 7) [weiträumige Landschaft, Übersicht, Panorama, Gesamtatmosphäre].

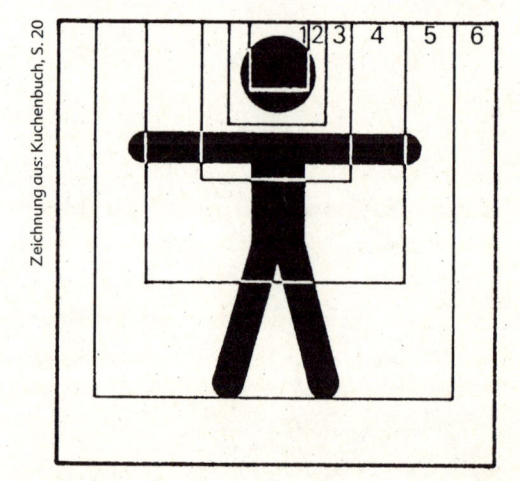

Einzelverfahren

Zeichnung aus: Kuchenbuch, S. 20

Statt die verschiedenen Einstellungen bloß zu registrieren, geht es darum, die Funktion der Einstellungen in ihrem **Kontext** zu beschreiben, beispielsweise warum ein bestimmter Gegenstand etwa in Detailaufnahme gezeigt wird. Außerdem kann man den Einstellungsgrößen nicht schematisch bestimmte Darstellungsabsichten zuordnen. Man könnte sich zum Beispiel vorstellen, dass eine intime emotionale Reaktion nicht in einer Großaufnahme gezeigt, sondern sprachlich zum Ausdruck gebracht wird, die Person aber in einer weiten Einstellung fast verschwindet, was zum Beispiel auf Einsamkeit hinweisen kann. Dabei spielt auch die **Einstellungsdauer** eine Rolle.

Perspektive

Während die **Vogelperspektive** (V) [Aufsicht] den Zuschauer in die Position des die Szene überblickenden und damit mit einer gewissen Souveränität ausgestatteten Betrachters versetzt, führt die **Froschperspektive** (Fr) [Untersicht] eher in die Situation der Unterlegenheit. Oft wird sie verwendet, wenn man den aus der Froschperspektive gezeigten Figuren einen bedrohlichen Charakter geben will. Die **Normalperspektive** (No) dagegen lässt eher den Eindruck einer neutralen Sichtweise entstehen. Subjektive Kamera (SK), die man auch den Kamerabewegungen zuordnen könnte, nennt man ein Verfahren, bei dem sich die Kamera in der Höhe der Augen einer Filmfigur befindet. Es wird der Eindruck vermittelt, sie vollziehe alle Bewegungen nach, die die Augen der sich ihrerseits — beispielsweise durch einen düsteren Keller — bewegenden Figur durchführen. Dieses Verfahren wird vor allem im Dienste der Spannungssteigerung eingesetzt.

Kamerabewegung

Neben der **Fahrt** (F) der Kamera [Ran-, Mit-, Parallelfahrt] und dem **Schwenk** (S) [nach links/rechts, nach oben/unten] ist in diesem Zusammenhang auch der **Zoom** (Z) zu berücksichtigen, bei dem zwar die Kamera insgesamt nicht bewegt wird, aber mit Mitteln der Kamera eine bestimmte Dynamik angestrebt wird. Bei der Analyse der durch die Kamerabewegungen erzielten Wirkungen ist das Verhältnis zwischen Bewegungen der Kamera und den Bewegungen der gefilmten Objekte zu berücksichtigen, die sich oft verstärken, beispielsweise wenn in einem Western von vorne eine vorwärts rasende Büffelherde gezeigt wird und die Kamera zusätzlich darauf zubewegt wird.

Montage

Der Art, wie zwei Einstellungen (durch Schnitt bzw. Blende) **aneinander „montiert"** sind, ist besondere Aufmerksamkeit zu widmen, da durch die Montage Bedeutungen entstehen können, die die verknüpften Einstellungen isoliert nicht hätten. Als ein besonders perfides Beispiel suggestiver Darstellung durch Montage machte sich diesen Effekt der nationalsozialistische Propagandafilm „Der ewige Jude" (1940) zunutze, in dem

Szenen, die Rudel von Ratten zeigten, mit Szenen zusammengeschnitten wurden, die Juden zeigten. Die Absicht war, eine Identität zwischen den Bildinhalten zu suggerieren.

Das Filmprotokoll

Für die Filmanalyse wird oft auf das Hilfsmittel des Filmprotokolls in Form einer Tabelle (Muster s. u.) zurückgegriffen, in der man verschiedene Aspekte, meist mit den oben jeweils in Klammern notierten Abkürzungen, festhält. Dabei wird auch der für den Film so wichtige Aspekt des **Tons** (Dialog, Geräusche, Filmmusik) berücksichtigt. Man unterscheidet zwischen **On-Ton und Off-Ton** (Ton, dessen Quelle auf der Leinwand zu sehen bzw. nicht zu sehen ist). Der Off-Ton wird oft eingesetzt, wenn ein Erzähler eine gewisse Distanz zum auf der Leinwand gezeigten Geschehen herstellen soll.

Notierung der Einzelbeobachtungen

Nr.	Einstellung Handlung	Dauer in Sek.	Kamera			Geräusch Musik	Sprache (Dialog/ Kommentar)
			Einstellungsgröße	Bewegung	Perspektive		

keine isolierte Betrachtung der Einzelverfahren

Zwar hilft ein Protokoll, die Verfahren bewusst zu sehen (und zu hören), doch ist es aufwändig und im Grunde nur für die Analyse einzelner Sequenzen sinnvoll. Vor allem müssen die in einem Filmprotokoll notierten Darstellungsverfahren nicht nur wiederum in ihrem **Zusammenwirken** betrachtet werden, sondern auch vor dem Hintergrund der gesamten Filmhandlung und der an ihr beteiligten Filmfiguren. Werden beispielsweise für das Auftreten einer Figur vom Regisseur auffällige Einstellungsgrößen, Kameraperspektiven und akustische Details gewählt, kann damit die Absicht verbunden sein, die Sympathie zu steuern und die **Gesamtperspektive des Films** zu akzentuieren. Neben den visuellen Darstellungsverfahren, die für den Film (mit Einschränkungen etwa auch für die Fotografie) spezifisch sind, muss die Filmanalyse zusätzlich jene Aspekte berücksichtigen, die auch jenseits des Films von Bedeutung sind. Dazu gehören die Verwendung von **Licht und Farbe** sowie die **Bildkomposition**. Wie nicht-filmische Werke arbeitet der Film schließlich mit (visuellen und sprachlichen) **Symbolen, Assoziationen, Klischees** sowie Rückgriffen auf andere (filmische und nicht-filmische) Werke.

Elemente eines Gesamturteils

Die genannten verschiedenartigen Aspekte erlauben es der Filmanalyse, zu **wertenden Überlegungen** zu kommen. Dabei wird zu erörtern sein, wie plausibel die Motivationen der Figuren, die Handlungsentwicklung sowie die Lösung sind. Man wird die Frage aufwerfen, ob der Film eher eine **emotionalisierende Wirkung** oder eher eine intellektuelle Aktivität der Zuschauer anstrebt, ob er bestimmte **Gestaltungsabsichten** (Unterhaltung, Information, Problematisierung usw.) verfolgt und ob die angewandten filmischen und nicht-filmischen Mittel dafür angemessen sind. Dies ist in der Regel auch der Kontext, in dem die Arbeit der **Schauspieler** zu berücksichtigen ist sowie ihr möglicher Status als Stars und die damit verbundenen Funktionen. (Wenn beispielsweise, wie in „Philadelphia", ein Star wie Tom Hanks einen Aidskranken spielt, wirkt das anders als bei einem anonymen Schauspieler.) Im Rahmen dieser verallgemeinernden Überlegungen wird auch zu erörtern sein, ob und wie die Filmrealität sich auf die außerfilmische (gesellschaftliche oder historische) Realität bezieht und in welcher **Perspektive** sie es tut.

formale und inhaltliche Wertungskriterien

Literatur

Faulstich, W./Faulstich, I.: Modelle der Filmanalyse, München 1977.
Faulstich, W.: Einführung in die Filmanalyse. Tübingen 1980.
Faulstich, W.: Die Filminterpretation. Göttingen 1995[2].
Hickethier, K.: Film- und Fernsehanalyse. Stuttgart, Weimar 1996[3].
Kuchenbuch, T.: Filmanalyse (Theorien, Modelle, Kritik). Köln 1978.
Monaco, J.: Film verstehen. Reinbek 1980. (Inzwischen mehrfach überarbeitete Neuauflagen)
Paech, J. (Hg.): Film- und Fernsehsprache I. Frankfurt/M. 1978[2].
Rother, R. (Hg.): Sachlexikon Film. Reinbek 1997.

Bildbeschreibung und -analyse

Irene Below/Gerlinde Volland

Botschaften der Kunstwerke entziffern

Bilder umgeben uns Tag für Tag, in den verschiedensten Medien und in der Werbung. Um ihre Botschaft zu verstehen und ihnen nicht unbewusst ausgeliefert zu sein, auch um ältere Kunstwerke aus ihrem geschichtlichen Hintergrund heraus „entziffern" zu können, ist es sinnvoll, sie zunächst einmal zu **beschreiben**, d. h. das Wahrgenommene zu benennen. Die Beschreibung beinhaltet meist auch schon Elemente einer **Analyse**, die ein Objekt zergliedert, untersucht und das Verhältnis der Teile zum Ganzen bestimmt. Die Analyse ihrerseits führt zu einer dritten Stufe, nämlich zur Deutung oder **Interpretation** eines Bildes. Eine Interpretation erfordert umfangreiche Studien zum Kontext eines bestimmten Werkes. Eine Analyse, die sich auf ein bestimmtes Bild konzentriert, aber den Kontext nicht einbezieht, nennt man auch eine **werkimmanente Analyse**.

Vorgehensweise

Gestaltungsmittel sind Künstlern oft selbst nicht bewusst

Dem Künstler oder der Künstlerin selbst sind bei ihrem Schaffensprozess nicht unbedingt alle Darstellungsmittel bewusst. Zum Teil folgen sie **Konventionen** und **Sehweisen**, die in einer bestimmten Zeit vorherrschend oder verbindlich waren bzw. sind. Die verbale Beschreibung der gewählten Gestaltungsmittel ist wichtig, wenn wir nicht unsere eingeübten Sehweisen für die „normalen" halten wollen und Darstellungen, die ihnen nicht entsprechen, voreilig verwerfen wollen. Deshalb sollte man die folgenden zwei Grundfragen zum Ausgangspunkt einer Bildanalyse machen:

WAS WIRD GEZEIGT? (BESCHREIBUNG)

Als Erstes sollte man als grobe Vororientierung feststellen, was das Bild zeigt. Denn durch genaue Beschreibung fällt vieles erst auf. Sie ist der erste Schritt zum bewussten Sehen.

— Bei **gegenständlichen Darstellungen** (auch von dreidimensionalen Objekten) bedeutet dies, die wichtigsten Bildgegenstände und Figuren und den eventuellen Handlungszusammenhang zu identifizieren. Wenn das Thema bekannt ist, sollte es benannt werden.

— Bei **ungegenständlichen Bildern** sollte zunächst einmal versucht werden, deren Hauptthema zu erfassen: Stehen die Eigenschaften des Materials im Vordergrund? Werden Probleme von räumlichen Bezügen, von Zeitlichkeit, Bewegung/Dynamik oder der Farbe thematisiert? In welchem Verhältnis stehen Sinnlichkeit (auch Akustik, Tastsinn usw.) und Anforderungen an die Rationalität (z. B. mathematische Probleme) zueinander?

WIE WIRD ES GEZEIGT? (ANALYSE)

Kriterien zur Beantwortung dieser Frage sind:

— **Rahmenbedingungen:** Künstlerische Technik (u. U. auch verwendete Materialien), Größe, eventuell Kontext, für den es gemacht wurde bzw. in dem es präsentiert wird (Museum, öffentlicher Raum, Privatbesitz oder Ähnliches usw.). Die Technik kann den Charakter eines Bildes stark beeinflussen: Zum Beispiel wird ein Holzschnitt nach einem Gemälde de Chiricos einen ganz anderen Eindruck machen als das Gemälde selbst: Schattierungen werden grafisch in Scharffuren übersetzt, die Farbigkeit fällt weg usw. (Abb. 1)

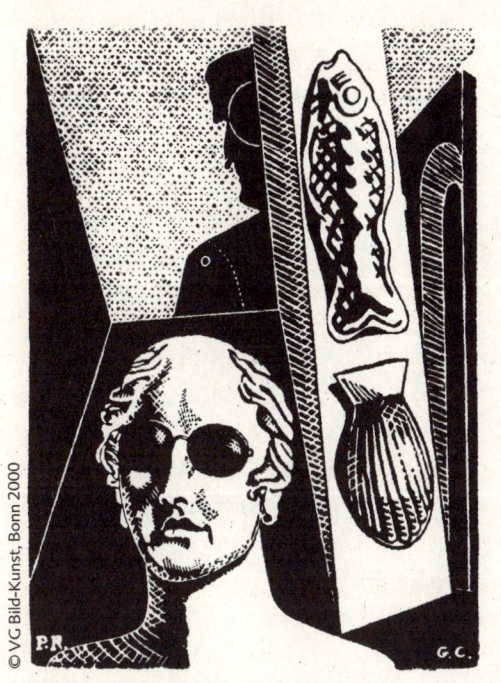

Abb. 1: Pierre Roy: Prophetisches Porträt Apollinaires. 1914, nach de Chirico (Holzschnitt)

— **Komposition:** Wie ist der Bildaufbau? Gibt es rahmende Bildelemente oder wird das Ausschnitthafte betont? Van Goghs Zeichnung „Gehöft in der Provence" beispielsweise wird von zwei Diagonalen dominiert, die das Ausschnitthafte des Bildes unterstreichen, indem sie keine geschlossene Form bilden (Abb. 2). Weiter ist zu fragen, in welchem Verhältnis stehen Vordergrund, Mittelgrund und Hintergrund zueinander? Gibt es eine bestimmte Anordnung von Bildelementen, z. B. dominante Bilddiagonalen, Dreieckskomposition oder Ähnliches?

Abb. 2: Vincent van Gogh: Gehöft in der Provence. Um 1889 (Zeichnung)

— **Raumdarstellung:** Ist der Ort der Handlung ein Innenraum oder liegt er im Freien, ist es eine Landschaft? Eine Art Bühne oder ein Kastenraum? Werden perspektivische Mittel eingesetzt, z. B. Zentralperspektive, Verkürzung von Gegenständen, Luft- bzw. Farbperspektive (von bräunlich-warmen Tönen im Vordergrund zu bläulich-kühlen Farben im Hintergrund)? Gibt es eine Hintereinanderstellung oder Überschneidung von Figuren oder Gegenständen?

— **Lichtführung** (das Helldunkel): Wird eine Figur/ein Gegenstand durch helle Beleuchtung hervorgehoben? Gibt es eine bestimmte — verdeckte oder sichtbare — Lichtquelle oder ist alles eher gleichmäßig beleuchtet? Gibt es Hell-Dunkel-Kontraste? Werden die Schatten nur angedeutet oder gibt es starke Schlagschatten? Beispielsweise drängt sich bei Abb. 1 der Eindruck auf, dass das helle Licht, das auf den Kopf der männlichen Figur fällt, verdeutlicht durch die Schlagschatten auf seiner rechten Gesichtshälfte, nicht nur formal, sondern auch inhaltlich von Bedeutung ist, da das Licht durch die Sonnenbrille des dargestellten Mannes thematisiert und hervorgehoben wird.

— **Farbigkeit** contra Zeichnung/Linie: Wird das Bild eher durch die Farbe, das heißt durch malerische Qualitäten bestimmt oder mehr durch die Umrisslinien, also das Zeichnerische und die Form? Wird das Bild durch Buntfarbigkeit oder durch Farben dominiert, die eher — Ton in Ton — einen Gleichklang bilden? Wird die Farbe zur Darstellung wirklicher Verhältnisse eher naturalistisch eingesetzt oder mit symbolischen Bedeutungen aufgeladen? Welche Rolle spielen Farbkontraste, Glanz oder Stumpfheit der Farben, Transparenz oder pastoser Farbauftrag und die Materialität der Oberfläche?

— **Proportion:** Wie verhalten sich die Teile des menschlichen Körpers oder der Architektur zum Ganzen bzw. zueinander? Ist dieses Verhältnis mathematisch erfassbar, z. B. durch den „goldenen Schnitt"? Auf van Goghs Zeichnung ist im Mittelgrund relativ klein ein Bauer zu erkennen. Das Verhältnis, in dem er zur umgebenden Landschaft steht, zeigt an, dass er nur dazu da ist, das Bild zu beleben, aber nicht als Individuum wichtig ist (Abb. 2).

— **Bewegung und Körpersprache:** Werden die Figuren im Ablauf einer Bewegung dargestellt, die auf die zeitliche Dimension verweisen könnte, z. B. auf Schnelligkeit und Dynamik oder auf ruhige Besonnenheit? Oder werden sie momenthaft erstarrt präsentiert (bei Fotos: Schnappschuss oder Pose)? Welche Gefühle drücken sich in Mimik und Gestik der dargestellten Personen aus? Wie stehen sie in Zusammenhang mit der dargestellten Handlung?

— **Bezüge** von Figuren oder Gegenständen: Größe, Nähe, Position (im Zentrum der Komposition oder durch Abgetrenntsein von anderen o. Ä.), Hervorhebung durch Rahmung, durch architektonische Elemente oder Heiligenschein usw. Gegenstände, die eine bestimmte Figur traditionell begleiten und so auf ihre Identität schließen lassen, werden Attribute genannt: Ein Palmzweig zeichnet z. B. christliche MärtyrerInnen aus.

— Bezugnahme auf **BetrachterInnen**: Wird sie durch eine bestimmte Perspektive vorgenommen, z. B. durch Froschperspektive oder Vogelperspektive, durch Figuren, die von hinten zu sehen sind, und wie wir auf die dargestellte Szene schauen (Identifikationsfiguren) oder durch eine direkte

Ansprache, etwa durch den Blick einer dargestellten Figur aus dem Bild heraus? Letzteres ist bei Abb. 1 der Fall, der Dargestellte entzieht sich den Betrachtern aber zugleich wieder, weil durch die schwarzen Gläser seiner Sonnenbrille die Augen nicht sichtbar sind. Ist der Weg ins Bild versperrt oder wird geradezu ein Sog erzeugt, der die BetrachterInnen hineinzieht? Ein solcher „Sog" entsteht in der Zeichnung van Goghs gleich zweifach. Der Blick wandert an den Bilddiagonalen entlang und weiß nicht, ob er zuerst der Mauer nach rechts oder lieber dem Bach nach links folgen soll (Abb. 2).

Die Bildinterpretation

Die genannten Kriterien sind, abhängig vom zu analysierenden Kunstwerk und dem jeweiligen Interpretationsansatz, unterschiedlich wichtig. Die Interpretation fällt verschieden aus, je nachdem, welchen methodischen Ansatz man wählt:

— Mit der Interpretation im engeren Sinne, also mit den vielfältigen Beziehungen der formalen und inhaltlichen Momente, befasst sich die kunsthistorische **Hermeneutik**.
— Ein Kunstwerk kann vor dem sozial- und wirtschaftsgeschichtlichen Hintergrund der Entstehungszeit gedeutet werden **(sozialgeschichtlicher Ansatz)**. Dazu gehört auch die Stellung des Künstlers oder der Künstlerin in der Gesellschaft bzw. die Funktion ihrer Kunst in dieser Gesellschaft.
— Verschiedene **Stilrichtungen** in unterschiedlichen Epochen können miteinander verglichen werden (Stilgeschichte), wenn vorrangig formal-vergleichende Gesichtspunkte interessieren.
— **Ikonografie** und **Symbolik** stehen im Mittelpunkt der ikonologischen Methode bzw. der Semiotik, die sich primär auf die inhaltlichen Bildaussagen sowie deren Tradition und Wandel beziehen.
— Die **feministische Kunstgeschichte** thematisiert die Geschlechtskontrollenkonzeptionen und deren Auswirkungen für Künstlerinnen sowie die Darstellung des Geschlechterverhältnisses in Kunstwerken.
— Der **psychologische Ansatz** wendet psychologische Theorien oder die Psychoanalyse auf Werke der bildenden Kunst an und bezieht den biografischen Hintergrund des Künstlers mit ein.

unterschiedliche methodische Ansätze der Interpretation

Literatur

Badt, K.: Die richtige Reihenfolge der Interpretation. In: Badt, K.: „Modell und Maler" von Vermeer. Probleme der Interpretation. Köln 1961.
Baxandall, M.: Die Wirklichkeit der Bilder. Frankfurt/M. 1987.
Frayling, C./Frayling, H./van der Meer, R.: Das Kunst-Paket. München 1993.
Belting, H. u. a. (Hg.): Kunstgeschichte. Eine Einführung. Berlin 1988.
Kunstgeschichte — Aber wie? Hg. v. Fachschaft Kunstgeschichte München, Berlin 1989.

Zeitungs- und Nachrichtenanalyse

Uwe Horst/Karl Peter Ohly

Unsere gegenwärtige Gesellschaft ist wie keine andere geprägt von Massenmedien. Sie sind **anonyme Kommunikationsmittel**, die an einen Markt und seine Konsumenten gerichtet sind. Neben Fernsehen und Film, den Musikmedien und den neuen elektronischen Medien zählen Zeitungen und Zeitschriften im Bereich der Druckmedien immer noch zu den wichtigsten. Ihre Aufgabe ist die **Information** und **Orientierung** der Leser. Insofern geht es bei der Analyse um die spezifischen Bedingungen von Zeitungstexten, insbesondere Nachrichtentexten.

Zeitung als Massenmedium

Zeitungen

Zeitungen weisen vier Merkmale auf:
— die allgemeine Zugänglichkeit **(Publizität)**
— die Zeitnähe **(Aktualität)**
— die regelmäßige Erscheinung **(Periodizität)**
— die inhaltliche Vielfalt **(Universalität)**.

Merkmale und Unterscheidungskriterien

Für Analysezwecke ist von größerer Bedeutung, dass Zeitungen nach der **Erscheinungsweise** (Tages-, Wochen-, Sonntagszeitungen), nach dem **Verbreitungsgebiet** (überregionale/nationale und lokale/regionale Zeitungen) und nach der **Vertriebsart** (Abonnenten- und Straßenverkauf/Boulevardblätter) unterschieden werden können. Jedes Merkmal charakterisiert einzelne Zeitungen: So ist z. B. die Aktualitätsfrage bei Wochenzeitungen weniger bedeutsam als bei den Tageszeitungen.

Die Bedeutung der Zeitungen ist an der durchschnittlichen **Tagesauflage** von ca. 27 Mio. verkaufter Exemplare und den 1673 in Deutschland erscheinenden Tageszeitungen erkennbar. Der viel beklagte **Konzentrationsprozess** wird dadurch erkennbar, dass die Mehrzahl der Zeitungen nur im Lokalteil noch selbstständig ist und für die überregionale Berichterstattung einen so genannten Mantel übernimmt, von denen nur 158 existieren (alle Zahlen von 1991).

Selbstständigkeit versus Mantel

Nachrichten werden gemacht

DIE HERKUNFT VON NACHRICHTEN

Zwischen einem Ereignis und dem Artikel darüber in der Zeitung ist ein weiter Weg. Wie kommen die Zeitungen an ihre Meldungen? Drei Quellen, deren Informationswert und Objektivität sehr unterschiedlich ist, gibt es:

– Nachrichtenagenturen

Sie beschaffen und verkaufen Nachrichten weltweit. Je kleiner eine Zeitung, umso stärker ist sie auf die Agenturen angewiesen. Meist liefern Agenturen mehr als die Hälfte aller Nachrichten (außer Lokalnachrichten). Die großen Agenturen arbeiten international: dpa

(marginalia: große Agenturen und ihre Kürzel)

(Deutsche Presse Agentur; ap (Associated Press), Reuter (Großbritannien), afp (Agence France Presse), UPI (United Press International, USA) und viele andere. Informationswert und Objektivität sind hier meist sehr hoch.

– Presse- und Informationsdienste

Davon gibt es in der Bundesrepublik ca. 900. Alle Parteien, Verbände, die Bundesregierung, große Unternehmen, die Kirchen usw. unterhalten solche Dienste, die natürlich versuchen die Öffentlichkeit über die von ihnen lancierten Nachrichten zu beeinflussen. Hier ist also die Herkunftsangabe von großer Bedeutung.

– Korrespondenten und Reporter

Sie übermitteln den kleinsten Anteil der in der Zeitung enthaltenen Nachrichten. Und selbstverständlich spielt hier der individuelle **Blickwinkel** eine besondere Rolle.

AUSWAHL UND ANPASSUNG VON NACHRICHTEN

Die fast unüberschaubare Flut der Meldungen, die die Zeitungen erreichen, erfordert eine strenge Auswahl. Nach welchen Kriterien diese Auswahl von den Redaktionen vorgenommen wird, ist für den Zeitungsleser nur schwer zu durchschauen. Er kann dies durch den Vergleich mehrerer Zeitungen und anderen Medien (TV) erreichen. Nachrichten werden ausgewählt

— nach ihrer **Aktualität** und
— nach den vermuteten **Interessen der Leserschaft**.

(marginalia: Kriterien der Auswahl)

Nicht die sich immer wieder ereignenden Geschehnisse oder seit längerer Zeit andauernden Entwicklungen sind eine Nachricht wert, sondern **das jeweils Neue oder Andere** („Nachricht ist, was sich unterscheidet"). Daher ist es oft nicht möglich, in Zeitungen die weitere Entwicklung z. B. in einem Land nach einem Bürgerkrieg zu verfolgen. Auch die **vermuteten Leserinteressen** wirken sich auf die Nachrichtenauswahl aus: So ist der Chemieunfall in einer heimischen Fabrik wichtiger als eine ungleich größere Katastrophe im Ausland.

Zugespitzt formuliert ist es also nicht der Zustand der Welt, den die Zeitung wiedergibt, sondern ihre Wahrnehmung durch die Brille der Redaktion.

(marginalia: Selektion durch die Redaktion)

Zwischen Stress und Ökonomie

Über die genannten Auswahlkriterien hinaus unterliegt die Nachrichtenfülle weiterer Bearbeitung und damit Beeinflussung, die bei einer Analyse zu beachten sind:

— Jede Zeitungsredaktion besitzt verschiedene Ressorts, d. h. Sachabteilungen, die die Meldungen ihres Zuständigkeitsbereichs sichten und aufbereiten. Die klassischen Ressorts sind **Politik, Wirtschaft, Feuilleton/Kultur, Sport und Lokales**. Darüber hinaus gibt es zahlreiche Beilagen bzw. **Sparten** für Vermischtes aus aller Welt, Auto, Mode, TV- und Radioprogramm u. v. m. Je nach Größe und Ausrichtung einer Zeitung können diese Ressorts unterschiedlich aussehen. Ihre Gewichtung (wie viel Innen-, Außenpolitik, Lokales, Vermischtes usw.?) charakterisiert die Ausrichtung einer

(marginalia: Ressorts einer Zeitung)

(marginalia: inhaltliche Gliederung spiegelt sich in Ressorts)

Zeitung also entscheidend. Das Impressum (mit Angaben zum Verlag und zu den Ressorts, samt deren Mitgliedern) gibt hier erste Auskunft.

Entscheidungs- kriterien

— Zur Abstimmung und Themengewichtung der jeweiligen Zeitungsausgabe trifft sich die **Redaktionskonferenz** täglich. Hier koordinieren unter dem Vorsitz des Chefredakteurs die Ressortchefs ihre Arbeit: Welche Nachricht wo, wie groß, was wird Hauptschlagzeile — das sind einige der täglich neu zu treffenden Entscheidungen. Und es dürfte klar sein, dass hier die Hierarchie vom Verleger (dem Besitzer der Zeitung) über den Chefredakteur zum Ressortleiter, seinen Redakteuren und den freien Mitarbeitern eine Rolle spielt, wenn es um Platzierung und Ausrichtung einer Nachricht geht.

Problem der Aktualität

— Nachrichten **veralten** wegen ihres Aktualitätscharakters sehr schnell, Funk und Fernsehen und mehr noch die neuen Medien sind häufig rascher. Die inhaltliche und technische Zeitungsherstellung geschieht also immer **unter großem Zeitdruck**. Das muss man berücksichtigen, wenn man Fehler oder „Enten" (Falschmeldungen) bewertet.

finanzielle Abhängigkeit von Werbung

— Die Zeitungen werden im Schnitt zu Zweidritteln über die **Werbung** finanziert. Zu prüfen ist also jeweils, wie eine Zeitung mit dieser Abhängigkeit umgeht: Gibt es auch kritische Artikel zu großen Werbekunden (z. B. im Lokalteil) oder entsprechende Leserbriefe? Wie stark sind redaktioneller Teil und Anzeigen vermischt — und damit letztere schlecht zu überschlagen?

Äußere Form und innere Gestaltung der Nachricht

Zeitungen versuchen — schon aus ökonomischen Gründen — in Form und Gestaltung so **attraktiv** wie möglich für ihre Leser zu sein. Darin liegen Ansatzpunkte für die Analyse:

— So lassen sich aufgrund des Aufbaus und der Gestaltung einzelner Seiten (aber auch der ganzen Zeitung) wesentliche Charakteristika einer Zeitung ermitteln. Zu analysieren wäre hier beispielsweise das **Layout** (Text- und Bildgestaltung): Wie groß sind die Schlagzeilen? Ist ihre Formulierung sachlich oder emotional? Welchen Anteil nehmen die Texte, Fotos, Grafiken (eventuell auch Anzeigen) ein? Wird mit Farben gearbeitet? Zum Vergleich betrachte man die erste Seite der „Bild" und der „FAZ".

— Die einzelnen Artikel in einer Zeitung lassen sich verschiedenen Darstellungsformen zuordnen. Sie zu unterscheiden ist für die Analyse bedeutsam, denn mit der jeweiligen Form werden sehr unterschiedliche Absichten verfolgt und dies sollte bei der Bewertung berücksichtigt werden. So ist eine **Nachrichtenmeldung** daran zu messen, wie objektiv und umfassend sie den Leser informiert (s. u.). Ein **Bericht** tut dies in ähnlicher Weise, ist oft aber umfangreicher, bezieht die Vorgeschichte bzw. den Hintergrund mit ein und ist meist namentlich gezeichnet. Die **Reportage** ergänzt die Nachricht und wird von einem Reporter am Ort eines dramatischen Ereignisses verfasst, sie

Darstellungs- formen

enthält daher oft einen dramaturgischen Aufbau und will gerade Stimmung und Atmosphärisches vermitteln.

Meinungsäußerungen

Von diesen Darstellungsformen klar zu trennen sind die Meinungsäußerungen, darunter als wichtigste der **Kommentar**, in dem deutlich die Position des Autors zu einem Ereignis bzw. zu einer Person herausgestellt wird. Ähnlich arbeitet der **Leitartikel**, der grundsätzliche Einschätzungen und Positionen der Zeitung an prominenter Stelle darlegt, während eine **Glosse** in witziger oder ironischer Weise ein Thema aufspießt. Diese Darstellungsformen lassen also politische Richtung und Position zu einem aktuellen Problem am leichtesten erkennen.

Was macht Nachrichten interessant?

— Eine Nachricht ist nur dann von Interesse, wenn sie **Aktualität** besitzt. Von Nachrichten kann man also keine Alltagsdarstellung, die Schilderung weit zurückliegender Ursachen oder Hintergrundinformationen erwarten. Das **Leserinteresse** wird gereizt durch Themen, die mit prominenten Personen, mit Gefühlen, Sex, dramatischen Ereignissen, mit Konflikten, mit Nähe zum eigenen Lebensbereich oder mit Fortschritt zu tun haben. Sind solche Themenbereiche jeweils in sachangemessener Form berücksichtigt oder dienen sie lediglich als „Lockvogel"?

Bestandteile eines Artikels

Ein Nachrichtenartikel besteht normalerweise aus vier Bestandteilen: Der **Überschrift** (eventuell mit darübergestellter Dachzeile und Unterzeile), dem **Anlauf** (Ort, Datum, Herkunftsangabe der Nachricht), dem **Vorspann** (knappe Inhaltsangabe) und dem eigentlichen **Textkörper** (Fließtext). Wie verhalten sich nun diese Elemente zueinander? Ist die Überschrift bzw. der Vorspann dem Inhalt adäquat oder nur reißerisch? Lassen sich mit dem Text die bekannten W-Fragen (wer, was, wo, wann, wie, warum) beantworten? Zum Zwecke der raschen Information sollte die Nachricht das Wichtigste immer zuerst bringen und dann in abnehmender Relevanz komponiert sein.

Verständlichkeit

Ein weiteres Beurteilungskriterium ist die Verständlichkeit: Ist die Nachricht **präzise** und **konkret** formuliert, werden Namen genannt und Begriffe oder Abkürzungen **erläutert**, werden Zusammenhang und Vorgeschichte jedenfalls andeutungsweise **geklärt**? Schließlich sollten Nachrichten sich um größtmögliche Objektivität bemühen. Sie ist für den Leser **überprüfbar** an der Überschriftsgestaltung, an der **korrekten, neutralen** und **nichtwertenden** Faktenwiedergabe, an der Tendenz der beigegebenen Bilder, der **Vollständigkeit** der Information. Dabei ist die **Wortwahl** von besonderer Bedeutung. Das Wort „Asylantenflut" z. B. transportiert eine versteckte Wertung.

Objektivität

Literatur

Faulstich, W.: Grundwissen Medien. München 1994.
von LaRoche, W.: Einführung in den praktischen Journalismus. München 1992.
Meissner, M.: Zeitungsgestaltung. München 1992.
Turtschi, R.: Mediendesign. Liechtenstein 1998.

Bearbeitung von Sachtexten

Adelheid Schumann

Sachtexte sind in vielen Schulfächern die **wichtigste Informationsquelle**, und deshalb ist es notwendig, sich den sinnvollen und effektiven Umgang mit solchen Texten systematisch anzueignen.

Sachtexte sind **nicht-fiktionale Texte** der öffentlichen Kommunikation, wie:

— **publizistische Texte:** Nachricht, Bericht, Reportage, Interview, Kommentar, Werbetext, Flugblatt, Aufruf, ...

— **fachspezifische Texte:** Abhandlung, wissenschaftlicher Aufsatz, Essay, Traktat, Übersicht, Rezension, Protokoll, ...

— **didaktische Texte:** Rede, Predigt, Vortrag, Lesung, Lehrbuchtext, ...

Sie dienen im Unterricht der Vermittlung von Informationen, der Herstellung von thematischen Zusammenhängen sowie der Gegenüberstellung von verschiedenen Perspektiven und Meinungen.

(Beispiele für Arten von Sachtexten)

Bedeutung von Sachtexten

Die Analyse eines Sachtextes steht im Zusammenhang mit einer **übergeordneten Fragestellung** (Kursthema, Referatthema, Forschungsthema). Die Sachtextanalyse soll über den Text informieren, ihn in den Zusammenhang des Themas einordnen und seine Funktion für den Erkenntnisprozess bewerten.

Informieren bedeutet, dass die wichtigsten Aussagen des Textes herausgearbeitet und systematisiert werden:
— Welche Informationen gibt der Text?
— Wie sind die Informationen angeordnet?
— Welche Zusammenhänge werden aufgedeckt?

Einordnen heißt, dass die Informationen des Textes mit der übergeordneten Fragestellung in Zusammenhang gebracht werden:
— Welche Antworten gibt mir der Text?
— Welche Aspekte meiner Fragen behandelt er?
— Welche neuen Aspekte bringt er?

Bewerten bedeutet, dass der Wert der Informationen des Textes eingeschätzt wird. Dafür muss man den Text selbst und die Umstände seiner Entstehung hinterfragen:
— Um was für einen Text handelt es sich?
— Wer hat ihn geschrieben, wann und warum?
— Welche Interessen leiten den Text?

(Funktionen von Sachtexten)

Analyse von Sachtexten

Vor der Bearbeitung ist zu klären, warum man den Text liest und worüber man etwas wissen möchte, d. h. welche Informationen man erwartet oder braucht, und soweit wie möglich, Autor, Entstehung und Umstände des Textes erkundet.

(Welche Infos erwarte und brauche ich?)

Dann erst erfolgt die genaue Lektüre mit einer Sicherung der **Hauptaussagen** durch **Unterstreichen** oder Herausschreiben und einer Gliederung des Textes. Die Auswertung fasst die Information zusammen, ordnet sie in die **übergeordnete Frage** ein und bewertet die **Aussagekraft** des Textes.

1. Schritt: Präzisieren des Erkenntnisinteresses

Es sollten Fragen an den Text formuliert und die Erwartungen an ihn präzisiert werden. Dabei spielt der **Titel** eine besondere Rolle, weil er bestimmte Erwartungen weckt und Vorinformationen über den Inhalt gibt.

2. Schritt: Antizipieren der Kommunikationsintention

Die **Textsorte** muss definiert werden, dabei ist vor allem auf Autoren- und Quellenangaben am Ende des Textes zu achten: Um was für einen Text handelt es sich, wann und wo ist er erschienen? Den Angaben ist zu entnehmen, für welchen Kommunikationszusammenhang der Text gedacht ist und **welche Intentionen** er verfolgt. Auch Sprache und Sprachstil eines Textes können Auskunft geben über die Textsorte: Handelt es sich um einen Text, der informieren will oder kommentieren, werben oder kritisieren?

3. Schritt: Strukturieren des Textes

Die erste Lektüre des Textes gilt dem globalen Verständnis seines **Aufbaus** und der Sicherung der **Hauptaussagen** des Textes. Dazu werden die einzelnen Paragraphen mit einem Titel oder Stichwort am Rande versehen und die Hauptinformationen mit einem Bleistift markiert, sodass die inhaltliche Struktur des Textes deutlich wird.

4. Schritt: Selektieren der themenorientierten Aussagen

Eine zweite Lektüre gilt der Sichtung der unterstrichenen Passagen im Hinblick auf die Fragen an den Text: Welche Aspekte des Themas werden behandelt und wie? Welche Zusammenhänge stellt der Text dabei her und wie begründet er diese Zusammenhänge?

5. Schritt: Kommentieren der Textaussagen

Die Aussagen des Textes sollten nun eingeordnet und bewertet werden. Dabei ist zunächst nach der Textperspektive zu fragen: Welche **Position** vertritt der Autor und wie **argumentiert** er? Welche **Interessen** vertritt er? Danach müssen die Aussagen des Textes in den Gesamtzusammenhang des Themas eingeordnet werden: Was hat der Text an **Erkenntnissen** gebracht? Welche Ausgangsfragen hat er beantwortet und welche nicht? Welche neuen Fragen wirft er auf?

Literatur

Hackenbrock-Krafft, I./Parey, E.: Training Umgang mit Texten. Fachtexte erschließen, verstehen, auswerten. Stuttgart, Dresden 1996.
Bartenstein, W.: Arbeit mit französischen Sachtexten. Stuttgart 1976.

Musik beschreiben

Georg Rox

„Zunächst höre ich wie zwei gleichartige Melodieteile, zwei Gestalten ähnlich, absteigen. Für einen kurzen Augenblick verweile ich in der Erwartung einer Fortsetzung. Diese findet aus dem tiefsten Ton heraus in einer aufsteigenden Bewegung ihren Weg und verbleibt auf dem anfänglich gehörten Ton in ähnlicher Weise wie der erste Melodieteil. Nun werden die zwei Melodieteile des Anfangs wiederholt. Erneut steigt die Melodie auf, um dann nach einer sprunghaften Bewegung auf dem tiefsten Ton zur Ruhe zu kommen."

„Zunächst höre ich zwei absteigende Motive. Das zweite Motiv auf der Dominante weist das erste Motiv der Tonika zu. Die folgende aufsteigende Bewegung durchschreitet den Quintraum, um auf der Quinte das Anfangsmotiv zu wiederholen. Nach der Wiederholung der Anfangsmotive wird nach dem Aufsteigen in der Grundstellung des Tonikadreiklangs der vorläufige Schlusspunkt im Grundton erreicht."

2 Beispiele

Vielleicht wird es Sie überraschen, dass diese sehr ausführlichen Beschreibungen das bekannte Kinderlied „Hänschen Klein" zum Gegenstand haben. Hier soll unser Einstieg verdeutlichen, dass ein geübter Hörer nicht unbedingt einer exklusiven musikalischen Fachterminologie bedarf, um Musik zu beschreiben.

keine exklusive musikalische Fachterminologie

Wenn er sogar in der Lage ist, Kategorien der Beschreibung dem gehörten Gegenstand gemäß zu entwickeln und anzuwenden, kann er seine Möglichkeiten, Musik auch erkennend und ästhetisch zu verstehen, durch vielfältige **Perspektivenwechsel** erweitern.

Zunächst muss man jedoch auch die Beziehung des Empfängers zur gehörten Musik in den Blick nehmen.

Beziehung des Hörers zur Mu

Subjekt Hörer: Phasen des Hörprozesses

Bejahung – vom Hören zum Zuhören

Grundvoraussetzung ist eine Bejahung des Gehörten und somit eine verstärkte Zuwendung. Lebensgeschichtliche **Erfahrungen** und **Prägungen** durch unsere multimediale Umwelt verhindern oft den Weg vom bloßen Hören zum wirklichen Zuhören. Hier setzen die ersten Filter in Form von Vorbehalten, Vorurteilen, Bedenklichkeiten usw. ein, die ein offenes Wahrnehmen verhindern.

Zuwendung und Bejahung des Gehörten

Wahrnehmung – vom Zuhören zum aktiven „Auf-etwas-Hören"

Nach der Zuwendung erfolgt hier das Nehmen. Gleichzeitig entscheidet sich hier, in welcher Art ich hauptsächlich höre: **sinnhaft-körperlich-physisch, bildhaft-gefühlsmäßig** (assoziativ-emotional), **intellektuell-**

Wie höre ich?

erfassend. Es gibt kaum einen Hörer, bei dem nicht alle drei Wahrnehmungsarten beteiligt sind. Die Gewichtigkeit der einzelnen Arten entscheidet aber darüber, wie das Werk empfunden wird und worauf das ästhetische Erlebnis gründet.

Behalten – Zurückhören und Vorweghören

Hier wird das Gehörte **gespeichert** und **in Beziehung gesetzt**. So wird das, was zunächst hintereinander (sukzessiv) gehört wurde, zu einer simultanen Gestalt verschmolzen.

Reaktion

Die letzte Phase beinhaltet dann die Reaktion auf das Gehörte: Das kann sich z. B. in einem **inneren Bild** ausdrücken, in einer **körperlichen Reaktion**, in einer **Hörbeschreibung** oder sogar auf der höchsten Ebene in einer **neuen Komposition**.

mögliche Reaktionen

Diese Vorgehensweise soll eine Möglichkeit darstellen, sich die persönlichen Reaktionen auf ein Hörobjekt zu verdeutlichen. Anschließend ist der Hörer besser in der Lage, Trennschärfe bezüglich der Wirkungen der Musik („Subjekt") und der Musik selbst („Objekt") zu entwickeln.

Objekt Musik

Das Tonmaterial in Dauer, Höhe, Farbe und Stärke eines Musikstücks ist beschreibbar in vier wesentlichen Elementen: **Rhythmus, Melodie, Harmonie und Klangfarbe.**

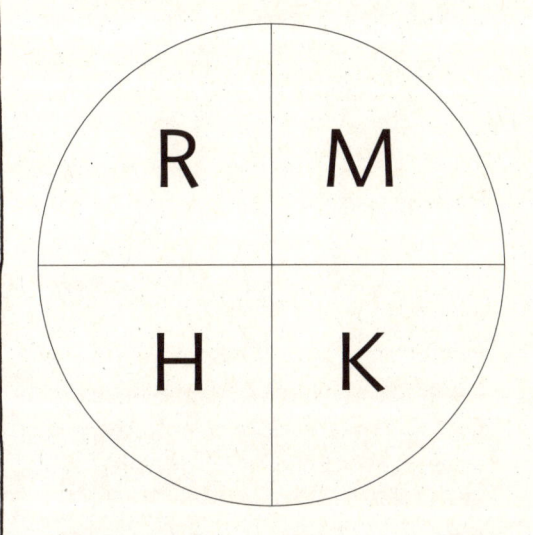

vier Beschreibungselemente

Zur Hörbeschreibung empfiehlt es sich, Informationen in den einzelnen Kategorien zu sammeln, um einen Überblick zu bekommen und dem Musikstück angemessen Schwerpunkte in der Beschreibung zu setzen:

Kategorien der Hörbeschreibung

Rhythmus

— **Puls** (Metrum, Takt): z. B. Schwankungen, Gleichmäßigkeit, schwere und leichte Schläge
— **Rhythmusart** und **Stil**: z. B. mehr aus der Melodie heraus getragen (Melodierhythmik, oft in zentraleuropäischer klassischer Musik) oder vom konstanten Schlag oder

Beat getragen (Percussionsrhythmik z. B. Jazz, Rock, Blues usw.)
— **Tempo:** sehr langsam bis sehr schnell (z. B. von Largo bis Presto in klassischer Musik oder slow bis up im Jazz)

Melodie

— **Bewegungsart:** z. B. schrittweise oder sprungartige Tonbewegungen, Dichte der Ereignisse, Skalen- oder Akkordbewegungen, Sequenzen
— **Gliederung:** z. B. Wiederholungen von Tongruppen (Motive), Entwicklungen aus bestimmten Ereignissen, Aufsuchen der Höhepunkte, fragmentarisch, offen oder geschlossen
— **Umfang** und **Proportionen** der Abschnitte

Harmonie

— **Art der Zusammenklänge:** z. B. Dur/moll-tonal mit Dreiklängen oder Vierklängen, erweiterte Tonalität, Atonalität, Klänge anderer Kulturen
— **Dichte** der Akkordbewegungen und das Verhältnis zur Melodie
— **Stil:** z. B. barock, klassisch, romantisch, Bluesharmonik, Modern Jazz, Unterhaltungsmusik, Ernste Musik usw.

Klang

— **Instrumentation:** z. B. Beschreibung der Instrumente und Instrumentengruppen, Orchesterart, Bandbesetzung, unter Berücksichtigung der Aufgaben der Instrumente, Klangmischungen und -farben
— **Lautstärkebehandlung** (Dynamik): z. B. laut und leise (forte und piano), An- und Abschwellen der Lautstärke (crescendo und decrescendo)
— **Art der Tonerzeugung** (Artikulation und Phrasierung)

Perspektivenwechsel

Man kann durch mehrmaliges Hören zunächst Eindrücke sammeln und sie im Anschluss daran den jeweiligen Elementen zuordnen. Eine andere Möglichkeit ist es umgekehrt vorzugehen: Man hört ein Musikstück jeweils aus einer bestimmten Perspektive des Rhythmus, der Melodie, der Harmonie oder des Klangs. Eine besondere Unterstützung erhält dieser Prozess des Sammelns durch **grafische Unterstützung**. Eine Längsachse bildet die verstrichene Zeit ab (nach Bedarf entweder frei bestimmt, in Minuten oder in Takten eingeteilt). Über die Längsachse können dann die verschiedenen Ereignisse notiert werden (vgl. Modell rechts).

So lassen sich Rückschlüsse auf die Form entwickeln. Andere Einzelbeobachtungen können reflektiert werden und in eine Beschreibung des musikalischen **Satzbaus** münden. Die Entdeckung eines Satzbaus (Semantik) in der Musik, führt dann dazu, die Bedeutung und Intention des erlebten Musikstücks zu beschreiben. Hier wird das Feld der hörenden Beschreibung verlassen und wir befinden uns im Bereich der **Interpretation**.

Eindrücke samm[eln] und zuordnen

Einzelbeobachtungen

Modell

Klang	Orchester mit Soloflöte	Gesang mit Cembalo Höhepunkt forte	Orchester mit Soloflöte
Harmonik	Akkorde wechseln	lange Akkordwechsel	wie am Anfang
Melodik	sprunghaft anmutig	schrittweise Bewegung klagende Tongruppen höchster Ton	wie am Anfang
Rhythmik	motorisch	frei schwebend, kein fester Puls	wie am Anfang
	1. Teil	Mittelteil	Schlussteil

Übung, Übung und Übung

Diese Annäherungen an Beschreibung gehörter Musik sollen nur eine erste Hilfestellung darstellen, Beziehungs- und Sachaspekte in den Blick zu nehmen. Natürlich erfordert dies vor allen Dingen Übung. Deshalb zum Schluss einige Übungsvorschläge:

Musikbeispiele zum Üben

— Ludwig van Beethoven — Symphonien 6 und 7, jeweils 1. Satz
— Claude Debussy — „La mer" (Symphonische Dichtung)
— George Gershwin — „Rhapsody in Blue"
— Arnold Schönberg — „Pierrot Lunaire"
— Miles Davis Sextett — „So What" von der CD „Kind od Blue"
— John Coltrane Quartet — „Pursuance"
— Olivier Messiaen — „Reveil de l'oiseaux"
— Franz Schubert — „Der Tod und das Mädchen" (Lied)
— Wolf Biermann — Lieder und Songs
— Hamburger Hafen — Mittags und Mitternacht (Versuch Umweltgeräusche als eine musikalische Ordnung zu betrachten)

Literatur

Copeland, A.: Lerne Musik hören. Hamburg 1948.
Bernstein, L.: The Unanswered Question, Six Talks at Harvard. Cambridge (Mass.) 1976.
Eggebrecht, H. H.: Musik verstehen. München 1995.

Begriffserklärungen

Wolfgang Emer

Wenn Sie komplexe Sachverhalte und Theorien verstehen und begreifen wollen, müssen Sie ihre **Bausteine**, die Begriffe, entschlüsseln und klären. Wenn Sie in einem Lexikon nachschlagen, leuchtet Ihnen die Erklärung ein oder sie verwirrt Sie, wenn der Text unklar verfasst ist: Vom Lesen aber ist es noch ein Schritt zum eigenen Erklären-Können.

Begriffe nachvollziehen

Die folgenden Schritte helfen Ihnen, aus Lexikontexten für sich selbst Begriffserklärungen nachzuvollziehen bzw. auch die Ergänzungsbedürftigkeit solcher Texte zu erkennen und sich allmählich eine **eigene Begriffssammlung** zu erarbeiten, auf **Karteikarten** oder in einem Heft.

Unbedingt notwendig sind die Schritte 1–3. Vertiefung bringen die Schritte 4–6.
Schreiben Sie zu den einzelnen Schritten kurze Sätze bzw. Stichworte mit Erläuterungen auf.

1. Schritt: Worterklärung
Was bedeutet das Wort wörtlich übersetzt? Aus welcher Sprache kommt es? (Lat., Gr., Frz.) Eventuell: Wie ist die Herkunftsgeschichte (Etymologie) des Wortes?

notwendige Schritte

2. Schritt: Kurzdefinition
Was wird genau mit dem Begriff bezeichnet? Eine Definition („Eingrenzung") in einem Satz bilden: „Unter x versteht man ..."

3. Schritt: Merkmale des Begriffs
Was sind über die Definition hinaus wesentliche Bestimmungen des Begriffs? (Mit Spiegelstrichen [–] auflisten.)

4. Schritt: Historische Einordnung
Wann ist der Begriff entstanden? Wann und wie wandelt er seine Bedeutung? Wann wird er ungebräuchlich?

Vertiefung

Diagramm:
- Überbegriff D → Begriff A
- Synonymer Begriff B1, Synonymer Begriff B2 ← Begriff A
- Begriff A ↔ Gegenbegriff C1, Gegenbegriff C2
- Begriff A → Unterbegriff 1 → Unterbegriff 2 → Unterbegriff 3

5. Schritt: Einordnung in ein Begriffsfeld

Synonyme bzw. verwandte Begriffe, Gegenbegriffe, Über- und Unterbegriffe.
Dazu ist es hilfreich, das Begriffsfeld (s. links) zu visualisieren.

6. Schritt: Theoretische Einordnung

Zu welcher Theorie gehört dieser Begriff, welche unterschiedlichen Auslegungen (Kontroversen) gibt es zu dem Begriff?

Fundorte von Begriffserklärungen

Allgemeine Nachschlagewerke und Fachlexika sowie Begriffsregister in Schul- und Sachbüchern können Ihnen weiterhelfen:
(Aber sie beantworten manchmal nicht alle Punkte ausreichend. Deshalb empfiehlt es sich, zwei oder mehr zu benutzen.)

Allgemein:
– Konversationslexika (Brockhaus, Meyer, ...)

Fachspezifisch:

z. B. für Geschichte:
– Geiss, L.: Geschichte griffbereit, Band 4: Begriffe, Reinbek 1979.
– Fuchs, K./Raab, H. (Hg.): Dtv-Wörterbuch zur Geschichte, 2 Bde., München 1983[5].
– Beyer, E. (Hg.): Wörterbuch zur Geschichte. Stuttgart 1980[4].

z. B. für Naturwissenschaften:
– Brockhaus der Naturwissenschaften und der Technik, Wiesbaden 1971.
– Meyers Lexikon Technik und exacte Naturwissenschaften. 3 Bde., Mannheim 1969–1970.
– Enzyklopädie Naturwissenschaften und Technik. 5 Bde. [Van Nostrand's scientific encyclopedia deutsch], München 1979–1981.
– Herder-Lexikon der Biologie, Heidelberg 1994.

z. B. für Philosophie:
– Sandkühler, H. J. (Hg.): Europäische Enzyklopädie zu Philosophie und Wissenschaften. 4. Bde. Hamburg 1990.
– Ritter, J. (Hg.): Historisches Wörterbuch der Philosophie. 10 Bde. (bis Buchstabe T). Darmstadt 1971–1998.
– Mittelstraß, J. (Hg.): Enzyklopädie Philosophie und Wissenschaftstheorie. 4 Bde., Mannheim, Wien, Zürich 1980–1996.

Textzusammenfassung

Helga Jung-Paarmann

Die Fertigkeit, den Inhalt von Texten rasch und richtig zu erfassen, soll in einzelne Schritte zerlegt und vorgestellt werden.
Dabei werden zwei Situationen unterschieden:
— Ein Text soll insgesamt zusammengefasst, komprimiert werden.
— Ein Text soll unter einer oder mehreren bestimmten Fragestellungen ausgewertet werden.

Textkomprimierung

Wichtiges von Unwichtigem trennen

Ziel der Textkomprimierung ist, einen Text so zu kürzen, zusammenzufassen und dabei Wichtiges von Unwichtigem, zentrale Aussagen von Erläuterungen zu unterscheiden, dass die Textstruktur und die wesentlichen Aussagen des Textes erkennbar bleiben.

1. Schritt: Überblick verschaffen

Zunächst wird der Text **zügig gelesen**. Dabei achtet man besonders auf Titel und ggf. Untertitel, Zwischenüberschriften, Schluss — er enthält oft eine Zusammenfassung oder Quintessenz des Inhalts.

2. Schritt: Text bearbeiten

Nun wird **Abschnitt für Abschnitt** darauf überprüft, welches der zentrale Gedanke ist. Schlüsselwörter und -sätze werden **markiert**, z. B. unterstrichen. Randbemerkungen haben die Funktion von kleinschrittigen Zwischenüberschriften oder weisen auf Textstellen mit einer besonderen Funktion hin (z. B. Th = These, D = Definition). Sie sollten keine bloße Wiederholung der markierten Schlüsselwörter oder -sätze sein und auch nicht die Textzusammenfassung vorwegnehmen.

3. Schritt: Gliederung festlegen

Die Gliederung der Textzusammenfassung folgt dem **Gedankenaufbau des Textes**. Manchmal können die vorhandenen Zwischenüberschriften übernommen werden. Wenn die Randbemerkungen gut gelungen sind, ergibt sich aus ihnen die Gliederung der Textzusammenfassung.

4. Schritt: Zusammenfassung schreiben

Dabei kommt es darauf an, **in eigenen Worten** den Inhalt des Textes wiederzugeben. Wenn Schlüsselwörter oder -sätze aus dem Text übernommen werden, muss dies durch Anführungszeichen kenntlich gemacht werden. Es empfiehlt sich, bei jedem Abschnitt zu vermerken, auf welche Seite der Vorlage er sich bezieht.

5. Schritt: Eigene Stellungnahme

Sie sollte sich nicht auf die Feststellung beschränken, ob einem der Text gefallen hat oder nicht. Folgende Überlegungen können bei der eigenen Stellungnahme helfen: Ist der Text einleuchtend aufgebaut? Ist die Gedankenführung in sich schlüssig? Welche Überlegungen sind für Sie neu und überraschend? Wirft der Text für Sie Fragen auf, denen Sie gerne weiter nachgehen würden? Widerspricht der Text Ihrer bisherigen Auffassung? Worin stimmen Sie dem Autor/der Autorin zu, worin nicht?

Textauswertung

Während es bei der bloßen Textkomprimierung darauf ankommt, den Gedankengang des vorliegenden Textes genau zu erfassen und wiederzugeben, also zunächst das eigene Erkenntnisinteresse zurückzustellen und sich auf die Gedankenführung eines anderen einzulassen, geht es bei der Textauswertung darum, eine oder mehrere Fragestellungen an einen Text heranzutragen und herauszufinden, welche Informationen und Antworten er zu diesen Fragen enthält. Dies erfordert eine etwas andere Vorgehensweise:

1. Schritt: Sich einen Überblick verschaffen
Lesen Sie den Text genau durch!

2. Schritt: Fragen genau formulieren
In Kenntnis des Textes kann man die eigenen Fragestellungen genauer präzisieren und dabei schon die **Aspekte festlegen**, zu denen der Text ergiebig ist.

3. Schritt: Text bearbeiten
Anders als bei der Textkomprimierung werden nun nur diejenigen **Schlüsselwörter und -sätze** markiert, die sich auf die **eigenen Fragen** beziehen. Wenn man mehrere Fragen hat, kann man den Bezug in den Randbemerkungen festhalten.

4. Schritt: Gliederung festlegen
Die Grobgliederung ergibt sich aus den gestellten Fragen. Die Feingliederung bringt die durch Markierungen und Randbemerkungen hervorgehobenen Informationen und Aspekte in einen **strukturierten, logischen Zusammenhang**.

5. Schritt: Textauswertung schreiben
In eigenen Worten werden die Informationen des Textes zu den gestellten Fragen zusammengefasst. Wenn Schlüsselwörter oder -sätze aus dem Text übernommen werden, muss dies durch Anführungszeichen kenntlich gemacht werden. Wichtig: Bei jeder Information die Seitenzahl der Fundstelle vermerken!

6. Schritt: Eigene Stellungnahme
Zum Schluss sollte festgehalten werden, wie die Aussagen des Textes zu dem **Arbeitszusammenhang** passen, aus dem die Fragen stammen. Wiederholen oder ergänzen sie bereits Bekanntes? Stehen sie im Widerspruch dazu? Wenn ja, worauf sind etwaige Widersprüche zurückzuführen? Könnten sie geklärt werden? Wie? Sind die gestellten Fragen erschöpfend beantwortet oder nicht?

Textvergleich

Helga Jung-Paarmann

Unterschiede zu Textzusammenfassung und Referat

Wenn Sie einer bestimmten Frage nachgehen und sich dabei nicht nur auf eine einzige Informationsquelle stützen, stehen Sie häufig vor dem Problem, dass verschiedene Texte (aber auch andere Informationsmedien) ein und dieselbe Sache unterschiedlich darstellen. Wie können Sie damit umgehen? Die hier erforderliche Vorgehensweise unterscheidet sich sowohl von der Textzusammenfassung als auch vom Referat: Während Sie sich bei der Textzusammenfassung in den Gedankengang des Textes, den Sie zusammenfassen wollen, hineinversetzen und den „roten Faden" des Textes aufspüren sollen, geht es hier darum, einen **Standpunkt** einzunehmen, der von den zu vergleichenden Texten **unabhängig** ist, sie gleichsam von außen betrachtet und nach **Vergleichspunkten** sucht. Im Verhältnis zu einem Referat, in dem ein komplexerer Problemzusammenhang dargestellt werden soll, betrifft der Textvergleich lediglich einen Teilaspekt, der Ihnen allerdings bei vielen Referaten von Nutzen sein wird. Die folgende Anleitung schlägt Ihnen eine bestimmte Schrittfolge vor:

Vorgehensweise

1. Schritt: Lesen
Lesen Sie alle zu vergleichenden Texte in rascher Folge.

2. Schritt: Provisorische Gliederung
Halten Sie fest, zu welchen Fragen oder Aspekten sich die Texte vergleichen lassen. Machen Sie daraus eine provisorische Gliederung.

3. Schritt: Unterstreichen
Lesen Sie nun die zu vergleichenden Texte erneut. Unterstreichen Sie die Stellen, die zu einem der Gliederungspunkte passen und ordnen Sie sie diesem zu (entweder durch Rausschreiben oder durch Kennzeichnung am Rand mit dem Gliederungspunkt).

4. Schritt: Überprüfen
Überprüfen Sie das **Material**, das Sie zu jedem Gliederungspunkt gefunden haben. Ist es ausreichend für einen Vergleich? (Wenn nicht: Die Texte nochmals durchsehen, ob Sie etwas übersehen haben; wenn nicht: Gliederungspunkt streichen)
Sind die Gliederungspunkte etwa gleichgewichtig? (Wenn nicht: weiter unterteilen bzw. zusammenfassen)

5. Schritt: Endgültige Gliederung
Legen Sie die endgültige Gliederung fest.

6. Schritt: Ordnen und Schreiben
Ordnen Sie das Material zu Ihrem ersten Gliederungspunkt so, dass Sie es in einem in sich logischen Gedankengang darstellen können.

Schreiben Sie!! Verfahren Sie mit den übrigen Gliederungspunkten ebenso.

Gliederung

Bei einem Textvergleich bietet sich folgende Gliederung an:
— kurze **Darstellung des Problems**, mit dem sich die Texte beschäftigen
— **Charakterisierung der Texte** (von wem wann wofür geschrieben, aus welchem Zusammenhang? Besonderheiten?)
— Für den Vergleich bieten sich unterschiedliche Gliederungsverfahren an (s. u.):
— eigene **Einschätzung** der Besonderheiten, Stärken und Schwächen der Texte, Begründung, warum sich die Texte (vermutlich) unterscheiden bzw. ähneln.

Die Gliederung muss zu den Texten und zu der Fragestellung, mit der sie bearbeitet werden, passen. Deshalb kann die obige Gliederung nur ein Anhaltspunkt sein, der von Fall zu Fall abgewandelt werden muss.

Alternative 1:

Gemeinsamkeiten der Texte

a)
b) ... usw.

Unterschiede

a)
b) ... usw.

Alternative 2:

Aspekte, die in mehreren Texten vorkommen und sich vergleichen lassen:

a)
b)
c)
d) ... usw.

Textmarkierungen

Volker Th. Eggeling

„Markieren" bedeutet mit Textvorlagen aktiv umzugehen. Ohne Respekt vor dem sauberen Layout wird in die Vorlage hineingeschrieben oder gezeichnet. Das geht natürlich nur mit Schriftstücken, die einem gehören oder die man kopiert hat. Markieren in eigenen Texten ist aber sehr hilfreich für eine **gründliche Textauswertung**. Durch Hervorhebung wesentlicher Elemente lassen sich:

(Funktionen der Markierung)

— **Aufmerksamkeit** und **Genauigkeit** des Lesens fördern
— **Übersichtlichkeit** und **Orientierung** erleichtern
— **Verständnis** und **Einprägsamkeit** des Textes erhöhen.

Markierungen betonen das Wichtige und blenden dadurch das weniger Wichtige aus. Sie sind zu unterscheiden vom „Exzerpieren". Während Exzerpieren ein schriftliches Herausziehen von Textelementen ist, ist Markieren ein Hervorheben im Text. Beides verfolgt aber dieselbe Absicht: Gedanken, die aus der Sicht des Lesers wichtig sind, in möglichst knapper Form festzuhalten. (Zielke 1991, S. 181)

Markierungstechniken

Die wichtigsten Techniken des Markierens lassen sich wie folgt systematisieren:

— Markierungen im Text
  • Über-/Unterstreichungen
  • Grafische Umrahmungen
— Markierungen am Rand
  • Randmarken
  • Randnotizen
— Mischformen

Das Beispiel auf der nächsten Seite stellt die verschiedenen Techniken an einem Text vor.

Methodisches Vorgehen

Wichtig ist, dass Texte möglichst erst einmal **ganz gelesen** werden, bevor sie durch Markierungen aufbereitet werden. Bezugseinheit für das Markieren sind die **Absätze** eines Textes. Sie lassen sich auswerten unter inhaltlichen und **logischen Gesichtspunkten**. Inhaltlich gilt es, die **wesentlichen Aussagen** eines Absatzes zu erfassen. Hier ist die eigene Fragestellung zu beachten. Logisch gilt es, den argumentativen Stellenwert eines Absatzes in der Gedankenführung des Gesamttextes zu erfassen. (siehe Beispiel)

Soweit inhaltliche oder logische Elemente eines Textes hervorgehoben werden, müssen Stichworte von Schlagworten unterschieden werden. „Stichworte" sind Formulierungen aus dem Text selbst. „Schlagworte" sind eigene Begriffe des Lesers, mit denen er die Aussagen des Textes treffend zu kennzeichnen sucht.

Unterscheidung Stichworte – Schlagworte

Sieben Faustregeln für das Markieren

— Nur im eigenen Text markieren.
— Die Palette der Markierungsmöglichkeiten beachten.
— Text möglichst erst ganz lesen, bevor Markierungen angebracht werden.
— Absätze als Bezugseinheit für Markierungen wählen.
— Inhaltliche von logischen Aussagen unterscheiden.
— Sparsam markieren, um die gewünschte Übersichtlichkeit und Einprägsamkeit herzustellen.
— Gewählte Markierungssysteme beibehalten, um sich nicht selber zu verwirren.

Literatur

Hackenbroch-Krafft, I./Parey, E.: Training. Umgang mit Texten. Stuttgart, Dresden 1996, S. 29—37.
Hülshoff, F./Kaldewey, R.: Mit Erfolg studieren. München 1993[3], S. 164—165.
Zielke, W.: Handbuch der Lern-, Denk- und Arbeitstechniken. Bindlach 1991, S. 171—181.

Beispiel

FREIE FAHRT FÜR RADLER

Überstreichungen (mit farbigen Textmarkern)

Eine wichtige Rolle bei der Reduzierung des motorisierten Individualverkehrs kann das Fahrrad spielen. Der Anteil der mit dem Fahrrad zurückgelegten Fahrten beträgt mit einer Länge von bis zu 15 km rund 20 %. Untersuchungen ergeben, dass durch
— fahrradfördernde Maßnahmen (Fahrradwege, sichere Abstellplätze, Service-Stationen)

Unterstreichungen (verschiedene Stricharten, evtl. farblich)

— verkehrsberuhigende Maßnahmen (Tempo 30) für den übrigen Verkehr und Parkrestriktionen in der Innenstadt sich die Verkehrsmittelwahl zugunsten des Fahrrades erhöhen ließe und mit einem Anteil von etwa (40 %) ein Niveau erreicht werden könnte, das bereits heute in Delft (Holland) verwirklicht ist.

Randmarken
(oft als Kurzkommentar, z. B.: ! Zustimmung, ?! Zweifel, X Wichtiges, W Widerspruch)

Randnotizen
(logische Struktur: normal; inhaltliche Struktur: kursiv)

Grafische Umrahmungen

Mischformen

Städte wie Freiburg geben die Devise aus: „Dem Fahrrad gehört die Zukunft." Doch obwohl hier einige Anstrengungen im Radwegebau gemacht werden, gibt es nur wenige Radwege, auf denen Radfahrer sicher, und zügig zu ihren Zielen fahren können. Vielmehr lauern auf den Fahrradwegen eine Vielzahl von Gefahren, die einen Radverkehrsexperten zu der Einschätzung brachte: „Nicht die fehlenden, sondern die vorhandenen Radwege sind das Problem!"

Heute sind sich die Verkehrswissenschaftler darüber einig, dass gerade die getrennte Führung von Bordsteinradwegen die Ursache für zahlreiche Sicherheitsmängel ist. Bei Radwegen kommt es an Kreuzungen und Einmündungen von Fahrradwegen zu mehr Unfällen als beim Fahren auf der Fahrbahn ohne Radwege.

Der Grund für die unzulänglichen Fahrradwege ist darin zu sehen, dass die Verkehrsplaner das Auto immer noch in den Vordergrund stellen und die Radwege nur billiges Beiwerk darstellen. Solange die Radwege gefährliche Fahrradfallen sind, muss der Radwegebenutzungszwang abgeschafft werden. Das „Muss" muss weg, damit sich der Radfahrer den Gegebenheiten anpassen kann. Stattdessen ist eine gemeinsame Führung des Fahrradverkehrs mit einem langsamer fließenden Verkehr anzustreben. Hierzu sind flankierende Maßnahmen wie z. B. Tempolimit, Fahrradstreifen auf der Straße, verkehrsberuhigte Zonen sowie spezielle Problemlösungen für Fahrradfahrer notwendig.

! Kritik Radwege gefahrvoll

?! Ursache getrennte Trassen

X

! Grund

Forderung

Alternative

Naturwissenschaftliche Versuchsprotokolle

Annette Habigsberg

Naturwissenschaftliche Experimente dienen der Erkenntnisgewinnung. Anlage, Durchführung, Ergebnisse und Beurteilung der Ergebnisse des jeweiligen Experimentes werden in einem Versuchsprotokoll festgehalten. Die Erstellung eines solchen Protokolls folgt eindeutigen, klaren Regeln, die in den folgend genannten Grundzügen stets eingehalten werden sollten.

Ergebnisse nes Experiments werden im Protokoll festgehalten

Grundsätze des Protokolls

Ein Protokoll über ein naturwissenschaftliches Experiment soll sich durch **Klarheit** und **Präzision** auszeichnen. Im Vordergrund steht die eindeutige und gut verständliche Information. **Kurze, einfache Sätze**, die einen Sachverhalt präzise darstellen, sind angemessener als rhetorisch zwar gelungene, aber schwer verständliche Bandwurmsätze.
Die Ich-Form oder eine episch breite Erzählweise sollten in Versuchsprotokollen vermieden werden.

Struktur

Ein naturwissenschaftliches Protokoll sollte **klar gegliedert** sein und die folgenden Punkte umfassen:

— Überschrift/Titel
— Ziel des Versuches
(— Theoretischer Hintergrund)
— Material und Methode
— Ergebnisse
— Diskussion

ÜBERSCHRIFT/TITEL

Hierzu gehören die Angabe des Datums, der Name (und ggf. die Nummer) des Versuches, die bei einer vorgegebenen Versuchsanleitung direkt übernommen werden können.
Beispiel: Versuch 1: Zuckernachweis mit Fehling'scher Lösung

ZIEL DES VERSUCHES

Häufig gibt der **Versuchstitel** schon einen deutlichen Hinweis auf die **Problemstellung** und das **Versuchsziel**. Trotz dem sollte dies in ein bis zwei Sätzen noch einmal deutlich hervorgehoben werden.
Beispiel: Mithilfe des Nachweisreagenzes „Fehling'sche Lösung" sollen unterschiedliche Zucker daraufhin untersucht werden, ob es sich um Aldosen oder Ketosen handelt.

THEORETISCHER HINTERGRUND

Um den Wissensstand und den Grad der notwendigen Theoriekenntnis des/der Experimentierenden darzulegen, kann ein kurzer Überblick über den theoretischen Hintergrund sinnvoll sein. Für das Gelingen eines Versuchsprotokolls ist dieser theoretische Vorspann jedoch nicht unbedingt erforderlich, wenn auf andere Art sichergestellt ist, dass das zum Versuch **notwendige Hintergrundwissen** vorhanden ist. Bei komplizierteren theoretischen Sachverhalten bietet die Präsentation unter einem eigenständigen Gliederungspunkt jedoch den Vorteil, dass man sich hierauf in der Diskussion der Ergebnisse ohne große Umschweife direkt beziehen kann.

Beispiel: Darstellung der reduzierenden Wirkung der Fehling'schen Lösung im alkalischen Medium auf Aldosen, bzw. Mehrfachzucker mit freier Aldehydgruppe und dem damit verbundenen Farbumschlag nach Ziegelrot.

Vor- und Nachteile der Erörterung von zugrunde liegender Theorie

MATERIAL UND METHODE

Naturwissenschaftliche Versuche können entweder strikt nach vorgegebenen **Anleitungen** oder aber auch nach **Ermessen** der/des Experimentierenden in von der Anleitung abgewandelter oder vollkommen **selbst konzipierter Form** durchgeführt werden. Wird lediglich eine vorhandene Versuchsanordnung exakt nach Vorgabe durchgeführt, reicht es aus, dies mit der lapidaren Bemerkung „siehe Script" oder „siehe Versuchsanleitung" zu vermerken. Geringste Änderungen müssen protokolliert werden.

Beispiel: Die Nachweisversuche wurden nicht mit 0,5%igen, sondern mit 1%igen Zuckerlösungen durchgeführt.

Wahl der Methode

Werden Experimente stark verändert oder eigenständig entwickelt, sollten die notwendigen **Reagenzien** und wesentlichen **Appa-raturen** genannt und die Versuchsdurchführung genau wie nötig beschrieben werden. Immer präzise Angaben über **Mengen, Temperatur, Zeit** usw. machen: Statt „die Lösung wurde bei mittlerer Temperatur eine Weile umgerührt", sollte „die Lösung wurde bei 21 °C eine Minute umgerührt" formuliert werden.

Beispiel: 2 ml einer 0,5%igen Albumin-Lösung werden mit 2 ml Biuret-Reagenz versetzt und gründlich gemischt. Nach 30 min wird die Extinktion bei 540 nm gemessen.

Überflüssige Angaben sind zu vermeiden: Ob Versuch a) vor Versuch b) ausgeführt wurde, ist nur dann zu erwähnen, wenn dies eine Auswirkung auf die Ergebnisse hat

genaue Materialangaben

ERGEBNISSE

Es gibt keine „guten" oder „schlechten" **Messergebnisse**, höchstens erwartungsgemäße oder nicht erwartungsgemäße. Die Beurteilung der Ergebnisse gehört nicht in den Ergebnisteil, sondern in die Diskussion. Es dürfen deshalb auch keine Messwerte unter den Tisch fallen.

Es ist auf eine **knappe, sachliche und übersichtliche Präsentation** der Ergebnisse zu achten. Wann immer es möglich ist, sollte eine Übersicht in **Tabellenform** erstellt werden. Darüber hinaus sollten Messwerte ggf. in Graphenform oder sogar als mathematische Formel dargestellt werden. Hierzu ist man auf eine gewisse Dichte der Messpunkte angewiesen, um den Kurvenverlauf genügend sicher bestimmen zu können. Aus drei Mess-

Keine Beurteilun

werten ergeben sich keine gradlinigen, logarithmischen oder exponentiellen Kurven. Bei der Kurvendarstellung sollten die Messpunkte gradlinig verbunden werden. Ausgleichskurven sind bereits Interpretation und sind nur dann angebracht, wenn die Kurvenpunkte nur wenig vom theoretisch erwarteten Verlauf abweichen.

kurze zusammenfassung

Die Ergebnisse sollten in sprachlicher Form kurz zusammengefasst werden.

Beispiel: Das Enzym Pepsin hat ein Aktivitätsoptimum bei pH 1,5. Oder: Der Fehling-Test ergibt bei den Zuckern Glucose, Maltose, Fructose einen Farbumschlag von Blau nach Ziegelrot. Bei den Zuckern Saccharose, Ribulose, Trehalose ist keine Farbänderung zu beobachten.

DISKUSSION

Eine sorgfältig durchgeführte **Bewertung** der Versuchsergebnisse ist das Kernstück eines gelungenen Protokolls. Eine Arbeit mit wenig erwartungsgemäßen Ergebnissen, aber einer ausführlichen und angemessenen Diskussion wird in der Regel positiver bewertet als eine andere mit erwartungsgemäßen Messergebnissen, aber nur geringer oder gar keiner Diskussion. Die Ergebnisse sollten mithilfe des theoretischen Hintergrundwissens daraufhin besprochen werden, ob sie erwartungsgemäß verlaufen sind. Gibt es Abweichungen, sind mögliche **Fehler(-quellen)** zu erörtern und ggf. **Vorschläge** zur Veränderung/Verbesserung der Versuchsdurchführung zu machen.

mit theoretischen Hintergrundwissen

Interview-Technik

Hans-Georg Pütz

Die Kenntnisse darüber, wie Menschen über die gesellschaftliche Wirklichkeit denken, beruhen überwiegend auf der Verwendung von Interviews.

Jedes Interview stellt eine **soziale Interaktion** mit vorwiegend kommunikativem Charakter zwischen dem Interviewer und dem Befragten dar. Dabei ist zu beachten, dass diese Kommunikationssituation prinzipiell asymmetrisch ist: „Der Interviewer ist stärker interessiert, Antworten zu erhalten, als der Befragte, solche zu geben. Je größer das Ungleichgewicht, desto größer die Möglichkeit einseitiger Beeinflussung." (Atteslander 1991, S. 155) Es muss also das Ziel der Befragung sein, einen möglichst hohen Grad der Gemeinsamkeit in der Kommunikation zu erreichen, um so zu gültigen Befragungsergebnissen zu kommen. Damit dies, so weit es möglich ist, gelingt, werden die folgenden praktischen Tipps formuliert, die dem Interviewer bzw. der Interviewerin helfen sollen, das eigene Verhalten im Interview selbst kritisch zu analysieren.

Wir wollen dabei zwei Typen von Interviews unterscheiden:
— das wenig strukturierte Interview mithilfe eines **Leitfadens**
— das stark strukturierte Interview mithilfe eines **Fragebogens**.

Die Unterscheidung liegt darin, dass die Freiräume in der Kommunikation zwischen Interviewer und Befragten in Bezug auf die Fragen und die Gesprächsgestaltung mehr oder weniger groß sind. Das wenig strukturierte Interview mithilfe eines Leitfadens bewährt sich vor allem in solchen Situationen, in denen man sich zunächst einen **allgemeinen Überblick** über Informationen und Meinungen zu einem Thema verschaffen will. Es eignet sich auch besonders gut bei **tabuisierten Themen**, deren Bearbeitung eine einfühlsame und flexible Unterstützung durch den Interviewer bzw. die Interviewerin erfordert.

Die Auswertung solcher Interviews ist wegen der geringen Standardisierung entsprechend aufwendig.

Stark strukturierte Interviews mithilfe eines Fragebogens eignen sich für **klar umgrenzte Themenbereiche**, über die man bereits genaue Vorkenntnisse besitzt. Vor Durchführung der Befragung muss in einem **Vorversuch** (Pretest) überprüft werden, ob die Fragen verständlich formuliert, ob die Antwortvorgaben erschöpfend sind und wie viel Zeit das Interview durchschnittlich beansprucht.

Selbst gute Interviewer bzw. Interviewerinnen können keine brauchbaren Informationen zusammentragen, wenn entweder der Leitfaden in einem wenig strukturierten Interview oder der Fragebogen in einem stark strukturierten Interview dem Untersuchungsziel oder dem

Untersuchungsgegenstand nicht gerecht wird. Ist jedoch das Gegenteil der Fall, dann kommt es sehr auf das Verhalten der Interviewer bzw. Interviewerinnen an, die gewünschten Informationen zutage zu fördern.

Atmosphäre schaffen

Die Kunst des Interviews besteht darin, eine Situation zu schaffen, die annähernd eine „herrschaftsfreie Kommunikation" ermöglicht und die Befragten ermutigt, ihre Ansichten frei zu äußern. Dementsprechend kommt es darauf an, eine freundliche Atmosphäre zu schaffen, um den Befragten ein **Gefühl der Ungezwungenheit** zu geben. Dies ist dann leichter zu erreichen, wenn man freundlich und selbstsicher an die Aufgabe herangeht.

Natürlich gibt es keine allgemein beste **Eröffnung**, aber es hat sich bewährt, wenn sich der Interviewer bzw. die Interviewerin kurz vorstellt und knapp den Zweck der Befragung erläutert. Langatmige Einleitungen oder Erklärungen lenken nur ab. Das Interview wird der Fragen wegen durchgeführt und man sollte deshalb auch so schnell wie möglich zur Sache kommen.

Ein zwangloses Interview hängt aber ganz entscheidend davon ab, ob der Interviewer bzw. die Interviewerin die Fragen in seinem Leitfaden oder auf seinem Fragebogen gründlich kennt. Man sollte so vertraut mit ihnen sein, dass man sie im **Unterhaltungston** stellen kann und sie nicht steif abzulesen braucht.

Es ist daher unbedingt notwendig, dass man vor dem Interview den **Leitfaden bzw. Fragebogen vorher studieren** ausführlich studiert hat!

Die Arbeit des Interviewers ist die Arbeit eines Reporters und nicht etwa die eines Pfarrers, der die Menschen bekehren möchte. Man hat alle Ansichten ungerührt hinzunehmen und darf unter keinen Umständen Überraschung, Zustimmung oder Missbilligung zeigen.

Der Interviewer bzw. die Interviewerin soll Interesse für die Meinung der Befragten zeigen, aber ohne die eigene Meinung zu äußern oder gar zur Diskussion zu stellen.

Fragen stellen

Handelt es sich um ein **wenig strukturiertes Interview mit Leitfaden**, sollte man darauf achten, dass die Befragten meistens einige Fragen als **„Aufwärmphase"** benötigen, um sich in den Interviewablauf einzugewöhnen oder bei Themenwechsel, um sich auf das neue Thema einstellen zu können. Daher sollten die zentralen Fragen nicht gleich zu Anfang gestellt, sondern zunächst mit einigen anderen Fragen eingeleitet werden.

Wesentlich bei Leitfaden-Interviews ist die Fähigkeit der Interviewer bzw. Interviewerinnen, Schlüsselfragen im geeigneten Moment zu stellen. Es ist darum wichtig, die zentralen Fragen präsent zu haben.

Handelt es sich um ein **stark strukturiertes Interview mit Fragebogen** soll der Interviewer bzw. die Interviewerin jede Frage ge-

Fragebogen-struktur nicht verändern

nauso stellen, wie sie formuliert worden ist. Jede einzelne Frage des Fragebogens ist nämlich in der Regel vorher sorgfältig konstruiert worden, damit sie den beabsichtigten Sinn der Frage möglichst genau und einfach ausdrückt. Jede Erläuterung einer Frage aus dem Stegreif ist unzulässig, denn sie kann das Bezugssystem ändern oder die Antworten beeinflussen. Erweist es sich, dass ein Befragter eine Frage nicht verstanden hat, so darf sie der Interviewer bzw. die Interviewerin nur langsam und mit der nötigen Betonung wiederholen. Wird die Frage dennoch nicht verstanden, so trägt man den Fall in die Rubrik „keine Meinung" ein. Aus ähnlichen Gründen müssen die Fragen auch genau in der **Reihenfolge** des Fragebogens gestellt werden. Jede Frage schafft nämlich ein Bezugssystem für die folgenden Fragen, wobei man überdies annimmt, dass jede Frage auch die gleiche soziale Realität beim Befragten schafft, indem sie sein kommunikatives Verhalten steuert. Die Antwort auf eine spätere Frage wird häufig durch Tatsachen beeinflusst, die in einer früheren Frage berührt worden sind. Stellt man also die spätere Frage zuerst, so wird die Vergleichbarkeit der Interviews unmöglich.

Antworten erhalten

Die Befragten äußern ihre Ansichten oft nur mit Vorbehalten bzw. Einschränkungen, oder beginnen angestoßen durch die Frage eine Diskussion. Da wird es dann schwierig, eine bestimmte und vollständige Antwort zu erhalten.

Wichtig ist zunächst, dass der Interviewer bzw. die Interviewerin den beabsichtigten Zweck jeder einzelnen Frage kennt. Vor diesem Hintergrund kann man dann, wenn die Antworten zu unbestimmt, zu allgemein oder unvollständig sind, zu **Sondierungsfragen** greifen, wie: „Das ist sehr interessant, könnten Sie das nicht erläutern?", oder: „Sie sagten eben ... Wie meinen Sie das genau?".

Der Interviewer bzw. die Interviewerin muss sich weiter sorgfältig davor hüten, den Befragten die Antwort zu suggerieren. Oft finden Leute Befragungen lästig und sind auch nicht sonderlich daran interessiert. Sie werden die leiseste Andeutung des Interviewers bzw. der Interviewerin aufgreifen, um nur schnell irgendeine Antwort oder eine vermeintlich „sozial erwünschte" Antwort zu geben, d. h. eine Antwort zu geben, die der Interviewer bzw. die Interviewerin vermutlich gerne hören möchte. Die Antwort **„Ich weiß nicht"** ist ebenfalls ein Problem. Manchmal bedeutet sie tatsächlich „keine eigene Meinung" zu haben. Doch können sich auch viele andere Haltungen dahinter verbergen: Angst, eine Meinung zu äußern; Abneigung, sich mit dem Thema auseinander zu setzen; unbestimmte, noch nie durchdachte Ansichten; ein Versuch, Zeit zu gewinnen, um seine Gedanken zu sammeln; mangelndes Verständnis für die Frage usw. Die Aufgabe des Interviewers bzw. Interviewerin liegt darin, zwischen diesen verschiedenen Formen von „Ich weiß nicht" zu unterscheiden

Keine Antworten suggerieren!

„Ich weiß nicht" kann viel bedeut

und, wo nötig, die Frage mit einer passenden Aufmunterung zu wiederholen.

Zahlreiche Vorbehalte, die bei Meinungsbefragungen fast unvermeidlich sind, können dadurch umgangen werden, dass sich der Interviewer bzw. die Interviewerin solcher Formulierungen bedient, wie: „Nun gut, aber was würden Sie im Allgemeinen sagen?", oder: „Wenn Sie nun alles in allem betrachten ...", oder: „Was meinen Sie aufgrund Ihrer augenblicklichen Einstellung?"

Antworten fixieren

Bei **wenig strukturierten Interviews mit Leitfaden** ist die Wiedergabe besonders wichtig. Eine vollständige und wortgetreue **Transkription** der Tonbandaufnahme sollte — mit Ausnahme von offensichtlichen Abschweifungen und Wiederholungen — unbedingt erfolgen, um den subjektiven Sinn der Antworten zu erfassen. Mit Umschreiben der Antworten, Zusammenfassungen mit eigenen Worten wird nicht nur die Meinung der Befragten verzerrt, sondern die Antworten verlieren auch an Farbe und Authentizität.

Bei **stark strukturierten Interviews mit Fragebogen** sind die Fragen bereits mit einem Antwortschlüssel versehen und der Interviewer bzw. Interviewerin muss nur das jeweilige **Kästchen ankreuzen**.

Um keinen unvollständig ausgefüllten Fragebogen abzugeben, ist es sinnvoll, sofort nach Fertigstellung eines Interviews, bevor man noch zum nächsten Befragten geht, den Fragebogen durchzusehen und sich zu vergewissern, dass alles genau und vollständig eingetragen worden ist. Sollte eine Information fehlen, so wird der Befragte noch einmal aufgesucht, um das Versäumte nachzuholen. Wartet man etwa, bis man zu Hause ist, so sind bereits viele Einzelheiten des Interviews vergessen.

Lücken im Fragebogen können das ganze Interview wertlos machen.

Fragebogen auf Vollständigkeit überprüfen

Literatur

Atteslander, P.: Methoden der empirischen Sozialforschung (Kap. 4). Berlin 1991.
Berger, H.: Untersuchungsmethode und soziale Wirklichkeit. Eine Kritik an Interviews und Einstellungsmessung in der Sozialforschung. Frankfurt/M. 1974.
Scheuch, E. K.: Das Interview in der Sozialforschung. In: König, R. (Hg.): Handbuch der empirischen Sozialforschung. Stuttgart 1973.

Interpretation historischer Quellen

Wolfgang Emer/Uwe Horst

Begriffs-bestimmung

Quellen, so hat der Historiker Paul Kirn definiert, „nennen wir alle Texte, Gegenstände oder Tatsachen, aus denen Kenntnis der Vergangenheit gewonnen werden kann". – Wir beschränken uns hier auf Texte. Sie sind als **Primärliteratur** (alles, was aus der Zeit und von Zeitgenossen stammt, auf die sich die historische Untersuchung bezieht) streng zu unterscheiden von Sekundärliteratur (Werken, die später und über diese Zeit verfasst wurden).

Sehr oft handelt es sich dabei um spröde Texte, die erst entschlüsselt werden müssen. Diesen Vorgang, hinter der Oberfläche des Textes seinen Verfasser und dessen Absicht zu entdecken, nennt man **verstehend interpretieren** (Hermeneutik), d. h. die Aussage und Bedeutung des Textes für unsere Zeit und Erkenntnis zu „übersetzen" (lat. interpretari).

Wenn der französische König Ludwig XVI. am Tage der Erstürmung der Bastille (14. Juli 1789) in sein Tagebuch lediglich ein Wort („Rien" = nichts) schrieb, dann zeigt dies, dass Quellen oft einseitig sind (aus einer bestimmten **Perspektive**) oder sich aus ihnen nur sehr bedingt die tatsächlichen Verhältnisse bzw. Ereignisse erschließen lassen. Quellen müssen also sorgfältig interpretiert und kritisch ausgewertet werden, wenn sie die Vergangenheit angemessen rekonstruieren wollen. Dazu dienen die folgenden systematischen Schritte. Man vermeidet damit, dass man sich am Text „festbeißt" und nur eine Paraphrase (Umschreibung des Inhalts) statt einer Interpretation liefert.

Vier Schritte einer Quelleninterpretation

1. Schritt: Fragestellung

Der erste Schritt besteht darin, dass man (jedenfalls grob) klärt, aus welchem Interesse bzw. mit welcher Frage man an die Quelle herangeht. Dazu ist eine erste Orientierung nützlich, d. h. durch eine erste Lektüre gewinnt man einen Überblick, der sortiert werden kann nach den bekannten W-Fragen (wer, wann, was, wie). Daraus ergibt sich eventuell eine **Problemfrage** (warum, wozu) an die Quelle, die bei dem vierten Schritt und bei der Schlussauswertung hilfreich sein kann.

2. Schritt: Quellenbeschreibung

Der zweite Schritt ist die Quellenbeschreibung. Dazu verfasst man einen **kurzen Text**, der gleichsam von außen um die Quelle herumgeht und sozusagen ihren **Standort bestimmt**, indem er folgende acht Punkte versucht knapp zu beantworten:

– Quellenart (z. B. Rede, Brief, Urkunde)
– Entstehungszeit, -ort und evtl. -bedingungen

- Fundort(e), d. h. wo wurde die Quelle gefunden, wo hat sie der Autor des benutzten Buches her, evtl. wo ist ihr Aufbewahrungsort?
- Verfasser
- Adressat (an wen geschrieben?, für wen noch gedacht?)
- Thema
- Sachklärung (unbekannte Wörter, Begriffe, Personen, Ereignisse nachschlagen)
- Überlegungen zur Zuverlässigkeit (Wie zuverlässig ist der Text, wurde er bearbeitet, gekürzt, verfälscht?).

3. Schritt: Immanente Interpretation

Der dritte Schritt ist die so genannte immanente Interpretation, d. h. der Versuch, den Text zunächst möglichst nur **aus sich selbst heraus** zu verstehen, mit dem Ziel hinter dem Text Motiv und Absicht des Autors freizulegen, zu „ent-decken".

Was heißt das? Interpretieren bedeutet nicht paraphrasieren, sondern a) den Text aus sich selbst heraus zu verstehen und b) den Sinn und die Motive seiner Aussagen, seine „Wahrheit" zu deuten. Dies nennt man auch historische **Hermeneutik** (Verstehenslehre). Wie erreicht man das? Durch Methode und Hineindenken.

Die Methode der Interpretation besteht aus vier Stufen, die man der Reihenfolge nach schriftlich ausführen sollte:

- Entdeckung der **Struktur** (Aufbau) des Textes. Dieser analytische Schritt zerlegt den Text in mögliche Sinnabschnitte und versucht ihnen Überschriften zu geben. Aus der Summe der Überschriften kann man leichter die Kernaussage herausfiltern.
- Herausarbeitung der **Kernaussage** (worum geht es in der Quelle?) Bei der Darstellung stellt man diesen Punkt sinnvoller Weise an den Anfang.

Textstruktur { Abschnitt 1: Überschrift / 2: Überschrift / 3: Überschrift / 4: Überschrift } Kernaussage
Fazit: Absicht des Autors

- **Detailanalyse:** In diesem Arbeitsschritt geht man nochmals an Aufbau und Kernaussage entlang und erarbeitet anhand der **Bestimmungsfragen** (wer, was, wie, wann, warum?) den genauen Inhalt und kommt mit den **Bedeutungsfragen** (z. B. Was bedeuten die vorliegenden Aussagen? Welche Hintergründe und Widersprüche sind erkennbar?) zu einem tieferen Verständnis.
- **Fazit:** Das Fazit sollte unter Berücksichtigung der Ergebnisse aus Aufbau und Detailanalyse noch eine Stufe weiter im Textverständnis gelangen: Den Autor „besser verstehen ‚... als er sich selbst" (Schleiermacher). Das bedeutet, man stellt die Motivfrage (Wozu?) und sucht nach der Absicht des Autors und deren historischer Bedeutung.

Motiv und Absicht des Autors

4. Schritt: Externe Interpretation

Dies ist ein Interpretationsvorgang mit analytischen Elementen, die von außen an den Text herangetragen werden. Es geht also darum, die Ergebnisse der immanenten Interpretation historisch einzuordnen, zu präzisieren, zu vergleichen und eventuell auch infrage zu stellen. Dabei kann man in drei Stufen vorgehen:

(Randnotiz: drei Stufen)

— **Eingrenzung** des Aussagebereichs
— **Einordnung** des Aussagebereichs
— Bestimmung des **Erkenntniswerts** für die eigene Fragestellung.

(Randnotiz: Eingrenzung)

Bei der Eingrenzung des Aussagebereichs bestimmt man soweit möglich folgende Punkte mithilfe von Sekundarliteratur (Nachschlagewerken, Geschichtsbüchern, Handbüchern und wissenschaftlichen Monografien):

— **Entstehungszusammenhang:** Aus welchem Anlass, welcher Situation, Tradition ist die Quelle entstanden?
— **Intention des Verfassers:** Wer (sozialbiografische Fragen: Aus welcher Schicht, (Macht-)Position usw.?) hat die Quelle für wen und mit welcher Absicht geschrieben?
— **Standort der Quelle:** Welchen Standort nehmen Verfasser, Quelle, Adressaten zu der bestimmten Zeit und innerhalb einer Entwicklung ein?
— **Wirkungsgeschichte:** Wie wurde die Quelle verbreitet? Wer las sie wirklich? Mit welchen Folgen wurde sie in anderen Quellen benutzt?

Bei der Einordnung des Aussagebereichs geht es im Wesentlichen um zwei analytische Methodenschritte:

(Randnotiz: Einordnung)

— **Quellenvergleich:** Die Einzelsicht der Quelle kann durch Vergleich mit ähnlichen/verschiedenen Positionen abgegrenzt, erweitert, tendenziell „objektiviert" werden.

— **Sozioökonomische Einordnung:** Hier kann man das soziale und wirtschaftliche Umfeld zur Analyse der Quelle heranziehen und sie in den gesamtgesellschaftlichen Kontext der Epoche stellen.

Bei der externen Interpretation sind die angegebenen Analysepunkte nur mögliche Schritte, die sich nach dem Material und der Absicht und Zeit des Interpreten richten müssen. Schließlich kommt man wieder zum Ausgangspunkt zurück und bestimmt dann unter Berücksichtigung der Ergebnisse den Erkenntniswert für die eigene Fragestellung.

(Randnotiz: Bestimmung de Erkenntniswert)

Quelleninterpretation ist meist nur Mittel zum Zweck und soll der **Beantwortung** der eigenen Ausgangsfragen dienen. Sie steht am Ende der Quelleninterpretation und sollte als Ergebnis ausdrücklich formuliert werden. Manchmal kann das Resultat aus der Quellenarbeit aber nur teilweise befriedigende Antworten liefern, die eventuell erkennen lassen, dass die Ausgangsfragen schief oder falsch gestellt waren oder eine Neuformulierung weiterer Fragen notwendig machen. Das ist dann zwar keine abhakbare, aber eine genauso wichtige Erkenntnis. Auch die Einsicht, dass es **mehrere Interpretationen** derselben Quelle durch verschiedene Historiker geben kann, ist eine weitere Schwierigkeit bei der Bestimmung des Erkenntniswertes. Sie weist aber nur darauf hin, dass Ereignisse komplexe (mehrdimensionale) Vorgänge sind und zum anderen die Historiker auch einem historischen Standpunkt verhaftet sind und daher kontroverser Meinung sein können.

(Randnotiz: Zweck und Problem der Interpretation)

Überblick: Schritte einer Quelleninterpretation

1. **Orientierung:** Wer, Wann, Was, Wie und Problemfragestellung
2. **Quellenbeschreibung** (Quellenkritische Einordnung)
   - 2.1 Quellenart und Überlieferungsform
   - 2.2 Entstehungszeit und -bedingungen
   - 2.3 Entstehungs-, Fund-, Aufbewahrungsort
   - 2.4 Verfasser
   - 2.5 Adressat
   - 2.6 Thema
   - 2.7 Sachklärung (unbekannte Wörter/Begriffserklärungen/unbekannte Personen, Ereignisse)
   - 2.8 Überlegungen zur Zuverlässigkeit
3. **Immanente Interpretation** („aus sich selbst heraus verstehen")
   - 3.1 Die Struktur (Aufbau, Gliederung, Gedankenfolge)
   - 3.2 Die Kernaussage des Textes
   - 3.3 Detailanalyse (Textbedeutung im einzelnen Abschnitt)
   - 3.4 Fazit: Absicht und historische Bedeutung/ev. Bezugnahme auf die eigene Fragestellung)
4. **Externe Interpretation** (von außen an die Quelle herangehen, erschließen, Vertiefung durch andere Quellen und Fachliteratur)
   - 4.1 Eingrenzung des Aussagebereichs:
     — Entstehung: Aus welchem Anlass/Situation/Tradition?
     — Intention: Wer mit welchem Ziel?
     — Standort: Aus welcher Schicht, für wen/gegen wen?
     — Wirkung: Wie verbreitet, benutzt, wie weit, Folgen?
   - 4.2 Einordnung des Aussagebereiches:
     — Konfrontation mit anderen Quellen
     — Einordnung in den sozio-ökonomischen Kontext
   - 4.3 Bestimmung des Erkenntniswertes für die eigene Fragestellung (Resultate, Problematisierung, Kontroverse, neue Hypothesen)

Literatur

Borowsky, P./Vogel, B./Wunder, H.: Einführung in die Geschichtswissenschaft 1. Opladen 1976[2].
Hey, B. u. a.: Umgang mit Geschichte. Stuttgart 1992.
Braun, V. u. a.: Methodenarbeit im Geschichtsunterricht. Berlin 1998, bes. S. 33 ff.

Analyse sozialwissenschaftlicher Theorie

Wolfgang Emer

Theorien sind komplex und oft sperrig. Nicht alle der hier genannten Gesichtspunkte können bei jedem Theoretiker und für jede Theorie geklärt werden. Deshalb ist dieses Arbeitsblatt als **Checkliste** gedacht, die Hinweise und Anregungen gibt, worauf bei der Bearbeitung von sozialwissenschaftlichen Theorien geachtet werden sollte.

Darstellung der Theorie

Zur Darstellung gehört die Beschäftigung mit dem Autor soweit für das Verständnis der Theorie erforderlich und ihre beschreibende Aufschlüsselung.

DER AUTOR/DIE AUTORIN

(biografische Kategorien)

- Biografischer Abriss (z. B. Herkunft, Ausbildung, Karriere),
- Überblick über die wissenschaftliche Tätigkeit (Veröffentlichungen),
- Zentrale Fragestellungen, wichtige Anliegen (Worum geht es ihr/ihm eigentlich, warum beschäftigt er/sie sich überhaupt mit dem Thema?),
- Beziehungen zu anderen Wissenschaftlern (Vorbildern, Lehrern, Mitarbeitern.

Für die **Informationsbeschaffung** dazu kann man heranziehen:

- Konversationslexika
- Fachlexika und Handbücher
- Munzinger-Archiv (Internationales biografisches Archiv)
- Kürschners Gelehrten Lexikon
- Who is who in Germany
- NDB (Neue Deutsche Biographie)
- Vor- und Nachworte der Werke des Autors
- Biografien über den Autor

DIE AUFSCHLÜSSELUNG DER THEORIE

Bei diesem Arbeitsschritt sollten Sie wichtige Zitate sammeln, aber auch das eigene Verständnis in kurzen Sätzen notieren. Hilfreich kann auch eine grafische Darstellung sein oder ein Thesenbaum (Hauptthese und ihre Verzweigungen). Das zu Notierende sollten Sie nach folgenden Arbeitsschritten ordnen, um dann so die Theorie darstellen zu können:

(Darstellungskategorien)

- Zielsetzung: Welche Fragen will der Autor beantworten, welche nicht?
- Hauptthesen und Schlüsselbegriffe
- Methodischer Ansatz (z. B. empirisch-statistisches Vorgehen, textanalytische Methode, psychoanalytischer Ansatz)
- Axiomatische Grundannahmen: Von welchen philosophischen, nicht mehr hinterfragten Grundannahmen geht der Autor aus?
- Verhältnis zu anderen Theorien: Auf wen beruft sich der Autor, von wem grenzt er sich ab?

– Sprache und Stil: Mit welcher Sprache und welchem Stil wird die Theorie entwickelt?

Beurteilung und Kritik der Theorie

Bei der kritischen Analyse der Theorie können Sie mit **drei Grundfragen** Ergebnisse eigenen Nachdenkens in einzelnen Schritten erarbeiten, systematisieren und dann getrennt darstellen. Das macht die Kritik übersichtlicher.

DIE WAHRHEITSFRAGE

Hier werden die Stimmigkeit und die Erfassung der Wirklichkeit untersucht.

– Stimmen die Elemente der Theorie miteinander überein oder widersprechen sie sich? (Kriterium der Prüfung: die **innere Logik**)
– Inwieweit ist die empirisch vorfindliche Wirklichkeit in dieser Theorie abgebildet, werden wichtige Bereiche der Wirklichkeit ausgeklammert? (Kriterium der Prüfung: die empirisch vorfindliche **Wirklichkeit**)
– Wie tief wird die Wirklichkeit von der Theorie erfasst? (Kriterium der Prüfung: Oberflächenphänomene und **Kausalzusammenhänge**)

DIE KAUSAL-GENETISCHE ODER ENTSTEHUNGSFRAGE

Hier wird die innere Logik des Forschungsprozesses und der wissenschaftshistorische Standpunkt untersucht.

– Welche Absichten, welches **Erkenntnisinteresse** hatte der Wissenschaftler? Hier muss auch nach dem (nicht offen) formulierten Erkenntnisinteresse gefragt werden.
– Was bezweckte der Autor **in seiner Zeit**, inwiefern trug seine Theorie zur Aneignung und Bewältigung der Realität bei?
– Wie ist das bereits vorhandene Gedankenmaterial und begriffliche **Instrumentarium** der Wissenschaft bis zu diesem Zeitpunkt in die Theorie eingegangen, wo enthält sie neue Fragestellungen, Erkenntnismuster?

DIE WIRKUNGS- UND FUNKTIONSFRAGE

Hier werden Wertigkeit, Aufnahme und Wirkung der Theorie untersucht.

– Welche **gesellschaftlichen Interessen** und psychischen Bedürfnisse befriedigt die Theorie – zur Zeit ihrer Entstehung wie im Laufe ihrer Rezeption?
– Wem **nützt** die Theorie? Wie beeinflusst sie das Bewusstsein und greift in den Gang der Geschichte ein?
– Was **bedeutet** mir diese Theorie? (subjektiver Wert)

Literatur

Kühnl, R.: Faschismustheorien. Reinbek 1979, bes. S. 32–38.
„Theorie". In: Hartfiel, G.: Wörterbuch der Soziologie. Stuttgart 1972, S. 644–648.

Schreiben und Darstellen

... markiert den Übergang von der rezeptiven zur produktiven Seite des Lernens. Da dieser Wechsel besonders schwierig ist, gibt es gleich zwei Artikel, die sich der anfänglichen Einstiegsprobleme annehmen: Der **Einstieg beim Schreiben** schlägt unterschiedliche Möglichkeiten vor, mit einem Text zu beginnen, und **Die Angst vorm weißen Blatt** hilft den Gedankenfluss per Clusterbildung und Mindmapping anzustoßen. Vielleicht noch vor dem konkreten Einstieg ins Schreiben steht das Problem der Gliederung (**Gliederungsstrategien**) und eher am Schluss einer Hausarbeit die Frage, ob sie in ihrer Gesamtanlage stimmig ist (**Merkpunkte zum Abfassen schriftlicher Arbeiten**). Leidiges Thema jeder schriftlichen Arbeit ist die korrekte Verwendung bzw. Gestaltung von **Literaturangaben, Zitaten und Fußnoten**. Schließlich folgen hier noch drei Artikel, die spezielle Textformen wie **Thesenpapier**, **Sozialbiografie** und **Rezension** vorstellen.

Einstieg beim Schreiben

Hans Kroeger

„Dann gibt es noch etwas anderes: Jeder Text beginnt. Jeder Text braucht seinen ersten Satz. Man nennt diesen ersten Satz: Einstieg. Ich finde diese Bezeichnung dem Zustand des Schreibens entsprechend, da der erste Satz das Einsteigen in die Unwirklichkeit ist." (Müller 1991, S. 36)

Funktion des Einstiegs

Wer kennt nicht die **Tücken des Anfangs**! Ist schon im Alltagsleben aller Anfang schwer, erscheint vielen der Anfang des Schreibens besonders schwierig. Man sitzt vor dem ersten Blatt Papier oder vor dem leeren Bildschirm, hat allerlei Gedanken im Kopf, überlegt vorläufige und alternative Formulierungen, flieht noch einmal in die Lektüre vorbereitender Materialien und macht sich auf diese Weise nur sehr zögerlich, oft mit mehreren Anläufen an den Start des Schreibens.

In **literarischen Texten** kommt dem Einstieg oft entscheidende Bedeutung zu (vgl. das vorangestellte Motto von Herta Müller). Romananfänge enthalten häufig schon in den ersten Worten und Sätzen den ganzen Konflikt des nachfolgenden Werks und motivieren auf diese Weise die LeserInnen zur weiteren Lektüre.

Schon in der antiken Rhetorik wird der Einleitungsteil besonders hervorgehoben: Er soll das Publikum für den Vortrag gewinnen (captatio benevolentiae) und zugleich den Vortragenden in seiner Selbstsicherheit und Gestaltungskraft stärken.

Eco empfiehlt StudentInnen und Promovenden das Abfassen einer mindestens **vorläufigen Einleitung**: Die vorläufige Einleitung hat „vor allem die Aufgabe, euch selbst zu verdeutlichen, ob ihr schon klare Vorstellungen habt. (...) Vorsicht: Solange ihr nicht in der Lage seid, die Gliederung und die Einleitung zu schreiben, solange könnt ihr nicht sicher sein, an eurer Arbeit zu sitzen. Schafft ihr es nicht, eine Einleitung zu schreiben, so zeigt das, dass ihr noch keine klare Vorstellung davon habt, wie ihr anfangen wollt." (Eco 1989, S. 144)

Wie der Einstieg bei einer Bergtour die weitere Route festlegt, so kann der Einstieg ins Schreiben also die Phase der Vorarbeiten und Planungen, der noch unverbindlichen Möglichkeiten beenden. Der Anfang ist gemacht, auch wenn er ggf. später noch einmal revidiert werden muss.

Der Einstieg hat folgende Funktionen für das Schreiben:

— Das Formulieren des Einstiegs verlangt, dass das **gedankliche Konzept** des zu schreibenden Beitrags geklärt ist. Das Konzept muss in der Einleitung durchaus nicht selbst skizziert oder thematisiert werden, es muss aber vorhanden sein, damit ein zielorientierter Einstieg in den Schreibprozess überhaupt gefunden werden kann.

Funktionen des Einstiegs

- Mit der Klärung in der sachlichen Konzeption verbindet sich beim Einstieg in der Regel auch eine Entscheidung über die **Darstellungsweise**. Die gewählte Sprachebene, die Verwendung der ersten Wörter und Begriffe setzen Bezugspunkte für das Formulieren des weiteren Textes.
- Die Entscheidungen zum Thema und zur Darstellungsweise schaffen erste Bindungen an die **Grundlinie der weiteren Schreibarbeit**. Aus der Vielzahl möglicher Alternativen ist ein bestimmter Weg gewählt und beschritten. Dies ermöglicht Zutrauen und verringert die Ängste und Skrupel.
- Im Überdenken der Einstiegsvarianten wird auch der mögliche **Leser als Adressat** mitbedacht: Soll der Textanfang provozieren oder an Bekanntes anknüpfen, soll eine Definition zur frühzeitigen Klärung beitragen oder erst einmal zur Verdeutlichung ein Beispiel vorangestellt werden? Solches Nachdenken über den Adressaten verhilft dem Schreibenden zu einer zusätzlichen Klärung seines Anliegens.

Liste möglicher Einstiege

Das Schreiben von Textanfängen kann geübt werden. Unerfahrene Schreiber können sich dabei oft nicht vorstellen, welche Fülle von Einstiegsvarianten zur Verfügung steht und dass es für ein Thema durchaus unterschiedliche Einstiegsmöglichkeiten gibt. Die nachfolgende Liste verschiedener Einstiegstypen stellt keine vollständige und systematisch angeordnete Übersicht dar, bietet aber Anregungen zur möglichen — oder auch ganz andersartigen — Gestaltung des Textanfangs. Zur exemplarischen Verdeutlichung wird jeweils ein Einstiegssatz zum Thema „*Tourismus und Völkerverständigung*" hinzugefügt:

- Anknüpfen an **Aktuelles:**

    „*Dieser Sommer wird wieder einmal alle bisherigen Rekorde im Ferntourismus brechen…*"

- Schilderung eines **persönlichen Erlebnisses:**

    „*In diesem Frühjahr habe ich zum ersten Mal eine Reise durch das Landesinnere der Türkei gemacht…*"

- Aufgreifen eines unterstellten Leserinteresses, **Ansprache des Lesers:**

    „*Sicher haben Sie auch schon einmal versucht, die Pfade des kommerziell organisierten Massentourismus zu verlassen und auf eigene Faust Land und Leute zu erkunden…*"

- **Historische Einstiege:**
    - Entstehung des Themas
    - historischer Vergleich
    - Rückblick in frühere Zeiten

    „*Als Goethe im September 1786 zu seiner ersten italienischen Reise aufbrach, war dies in vielerlei Hinsicht noch ein großes Abenteuer…*"

- Schilderung einer **Zukunftsvision:**

    „*Im Jahr 2050 wird man die — mit einem riesigen Glasdach vor Umweltschäden geschützte — Akropolis in Athen nur noch besichtigen können, wenn man ein Jahr zuvor vielfältige Einstiegsmöglichkeiten*

ein entsprechendes Eintrittsticket bei der UNESCO beantragt und bewilligt bekommen hat ..."

— Voranstellen eines literarischen Aufhängers: **Zitat, Sprichwort, Witz, kurze Erzählung, Beispiel, Vergleich usw.**:

„‚Wenn jemand eine Reise tut, so kann er was erzählen.' (Matthias Claudius, Urians Reise um die Welt). Was eigentlich? ..."

— **Direkteinstiege:**
- These
- dialektisch: These und Antithese
- (Teil-)Darstellung des behandelten Gegenstands

„Die folgenden Überlegungen sollen verdeutlichen, dass die heutigen Formen des Massentourismus nicht dem Kennenlernen fremder Länder und der Völkerverständigung dienen, sondern eine moderne Variante des Kolonialismus darstellen ..."

— **Vorstellen des Themas:**
- Definition
- Abgrenzung
- Übersicht
- Gliederung

„Mit dem Begriff ‚Tourismus' sind im Folgenden alle Arten des Reiseverkehrs gemeint, die zum Kennenlernen fremder Orte und Länder und zur Erholung in individueller oder kollektiver Organisation stattfinden ..."

— **Frage(-nkette)** zur Erschließung des Themas allgemein:

„Haben Sie schon einmal versucht, im Ausland auf dem Weg vom Flughafen zum Hotel mit Ihrem Taxifahrer zu kommunizieren? Haben Sie über das Wetter oder über die verstopften Straßen gesprochen? Haben Sie etwas über das Leben Ihres Taxifahrers erfahren? ..."

— **Provokation:**
- (fach-)sprachliche Überspitzung
- unglaubwürdige Behauptung, Tatsachenleugnung
- Übertreibung

„Wenn Sie in der Abflughalle oder im Flugzeug den Gesprächen zurückreisender Touristen lauschen, können Sie den Eindruck gewinnen, diese wären überhaupt nicht in einem fremden Land unterwegs gewesen ..."

Die Liste und die Beispielssätze verdeutlichen, dass es ungleich vielfältigere Einstiegsmöglichkeiten gibt als die in den Ratgebern üblichen Hinweise, in der Einleitung die Gliederung voranzustellen oder mit einem Zitat zu beginnen. Angesichts der konzeptionellen und motivationalen Bedeutung, die der Einstieg für den Schreibprozess hat, sollten Strategien und Varianten des Schreibanfangs in der Schule mehr bewusst gemacht und geübt werden.

Literatur

Eco, U.: Wie man eine wissenschaftliche Abschlußarbeit schreibt. Heidelberg, ergänzte Aufl. 1989.
Kroeger, H.: Über die Schwierigkeit des Einstiegs. In: Kohrt, M./Wrobel, A. (Hg.): Schreibprozesse — Schreibprodukte. Festschrift für Gisbert Keseling. Hildesheim, Zürich, New York 1992, S. 225—241.
Müller, H.: Der Teufel sitzt im Spiegel. Berlin 1991, S. 36.

Die Angst vorm weißen Blatt

Andrea Frank

Wer kennt das nicht: Man sitzt vor dem Papier, will etwas schreiben und weiß einfach nicht, wie man anfangen soll. Je länger man über den ersten Satz nachdenkt, umso verkrampfter wird der Umgang mit den Wörtern. Viele Schülerinnen und Schüler erleben daher Schreiben als etwas Anstrengendes, das wenig mit Spaß und Kreativität zu tun hat. Dabei gibt es verschiedene, gut erprobte Methoden, diese „Angst vorm weißen Blatt" zu überwinden.

Schreibblockade

Kreative Schreibübungen

Mit kreativen Schreibübungen lässt sich ein **spielerischer Zugang** zur Sprache und subjektiven Ausdrucksmöglichkeiten finden. Diese Übungen nehmen wenig Zeit in Anspruch, eignen sich besonders als Einstieg ins Schreiben und zeichnen sich zumeist dadurch aus, dass sie durch eine sehr schlichte formale Vorgabe kreative Potenziale fördern können.

Eine solche **Vorgabe** kann zum Beispiel heißen: Schreiben Sie (in fünf Minuten) einen Text, in dem alle Wörter mit „M" anfangen.

„Lyrische Schreiberfahrungen" vermittelt die Übung Elfchen, bei der nicht nur ein Thema, sondern auch eine kleine lyrische Form vorgegeben wird:

Ein **Beispielelfchen** zum Thema „Schreiben":

Schreiben	1. Zeile: 1 Wort
Was soll	2. Zeile: 2 Wörter
ich denn schreiben?	3. Zeile: 3 Wörter
Mir fällt nichts ein.	4. Zeile: 4 Wörter
Ärger	5. Zeile: 1 Wort

Die Produkte solcher Übungen sollten stets der Reihe nach vorgelesen werden, wobei die Regel gilt: Kritik ist nicht erlaubt. (Lachen ist selbstverständlich gestattet!)

Clustering

Während es das Merkmal kreativer Schreibspiele ist, vom Inhalt bewusst abzusehen, dient die Methode des Clustering eher dem Einstieg in ein Thema bzw. dem **Überwinden von Schreibhemmungen** und -blockaden in Bezug auf eine konkrete Schreibaufgabe.

Die Methode des Clustering entspricht der Funktionsweise unseres Gehirns. Viele Informationen werden nur bildlich verarbeitet und durch das begriffliche Denken nicht abgerufen. Das Clustern hilft dabei, Blockaden, wie sie allzu leicht im begrifflichen Denken entstehen, aufzulösen oder zu vermeiden.

Clustering spiegelt Funktionen des Gehirns

CLUSTERN

— Schreiben Sie ein Wort, einen Begriff, einen Aussagesatz in die Mitte eines weißen

Blatts und malen Sie einen Kreis darum herum. Dies ist der **Kern des Clusters**.

– Lassen Sie nun die Gedanken kommen, wie sie kommen und verknüpfen Sie sie, wie sie kommen. Konzentrieren Sie sich nicht und versuchen Sie nicht, eine Struktur zu entwickeln. Jeder Einfall wird wiederum selbst mit einem Kreis umgeben und durch einen Strich mit dem Kern oder dem vorherigen Gedanken verbunden. Wenn eine **Assoziationskette** nicht weitergeht, fangen Sie eine neue an.

– Assoziieren Sie so lange, bis Ihnen nichts mehr einfällt. Erzwingen Sie keine Weiterführung und üben Sie keine Selbstzensur, indem Sie die Logik Ihrer Assoziationen überprüfen.

Wenn Ihnen nichts mehr einfällt, beginnen Sie einen **Fließtext** zu schreiben. In diesem Text können die Begriffe oder Satzfragmente aus dem Cluster vorkommen, müssen es aber nicht. Es ist keine bestimmte Textsorte vorgegeben. Im Übergang von der Visualisierung von Assoziationen zur Textproduktion kann ganz Verschiedenes entstehen – und es ist immer wieder überraschend, was dabei herauskommt.

Bei der Einführung dieser Methode sollte der Ausgangsbegriff in jedem Fall vorgegeben werden. Die Phase des Assoziierens sollte nicht länger als sieben Minuten dauern, für das anschließende Schreiben eines Fließtextes sind etwa zehn Minuten vorzusehen.

Es empfiehlt sich, die Texte nacheinander vorlesen zu lassen, wobei auch hier die Regel gilt, dass keine Kommentare und Bewertungen zu den Texten gegeben werden dürfen, denn das Clustering dient nicht dazu, den „richtigen", sondern einen eigenen Zugang zu einem Thema zu finden.

Mindmapping

Bei komplexeren Schreibaufgaben (Fach- bzw. Studienarbeiten), in denen es darum geht, Informationen zu verarbeiten, einen „roten Faden" zu finden und einen längeren Text zu verfassen, empfiehlt es sich, die Methode des Mindmappings einzuführen. Sie hilft bei der Eingrenzung eines Themas, der Entwicklung einer inneren Logik und einer Gliederung.

Auch das Mindmapping basiert auf dem Prinzip der Visualisierung von Gedankengängen, es wird allerdings nicht frei assoziiert, sondern es werden Begriffe zueinander in Beziehung gesetzt, sodass am Ende ein **Netz von Beziehungen** zwischen Elementen grafisch dargestellt wird. Hierzu empfiehlt es sich, dass zunächst jede(r) eine Liste aller – aus ihrer bzw. seiner Sicht – relevanten Gesichtspunkte/Begriffe erstellt. Im Anschluss daran erhält jede(r) einen großen Bogen Papier und die Aufgabe, das zu bearbeitende Thema in die Mitte des Blattes zu schreiben und die gesammelten Begriffe um diesen Kern herum zu einem Gesamtbild zu organisieren.

Auf diese Weise gelingt es, **Begriffe zu ordnen** und **Argumentationslinien zu finden**, indem über- und untergeordnete Ge-

(praktische Übung)

Gedankengänge werden visualisiert

Mindmap offener als lineare Gliederung

sichtspunkte unterschieden werden. Der Vorteil des (flächigen) Mindmaps gegenüber einer linearen Gliederung besteht darin, dass es „offener" ist: Es lässt z. B. viel eher zu, neue, in der zuvor aufgestellten Liste nicht enthaltene, Gesichtspunkte aufzunehmen. Andererseits kann es sein, dass am Ende einzelne Begriffe aus der anfangs erarbeiteten Liste „übrig", d. h. unverbunden mit den anderen am Rande stehen bleiben. Das kann als Hinweis zur Eingrenzung des Themas interpretiert werden oder aber Anlass zum Streichen bestimmter Aspekte bzw. zur Umstrukturierung des Mindmaps sein.

Das Visualisieren von Gedanken hilft dabei zu verstehen, dass es sich beim (Auf-)Schreiben nicht um einen Kopiervorgang — aus dem Kopf auf das Blatt —, sondern um eine besonders konzentrierte Form des Denkens handelt.

Literatur

Buzan, T.: Kopftraining. Anleitung zum kreativen Denken, Tests und Übungen. München 1984.
Rico, G. L.: Garantiert schreiben lernen. Reinbek 1984.
Vopel, K. u. a.: Schreibwerkstatt. Eine Anleitung zum kreativen Schreiben für Lehrer, Schüler und Autoren. Hamburg 1991.

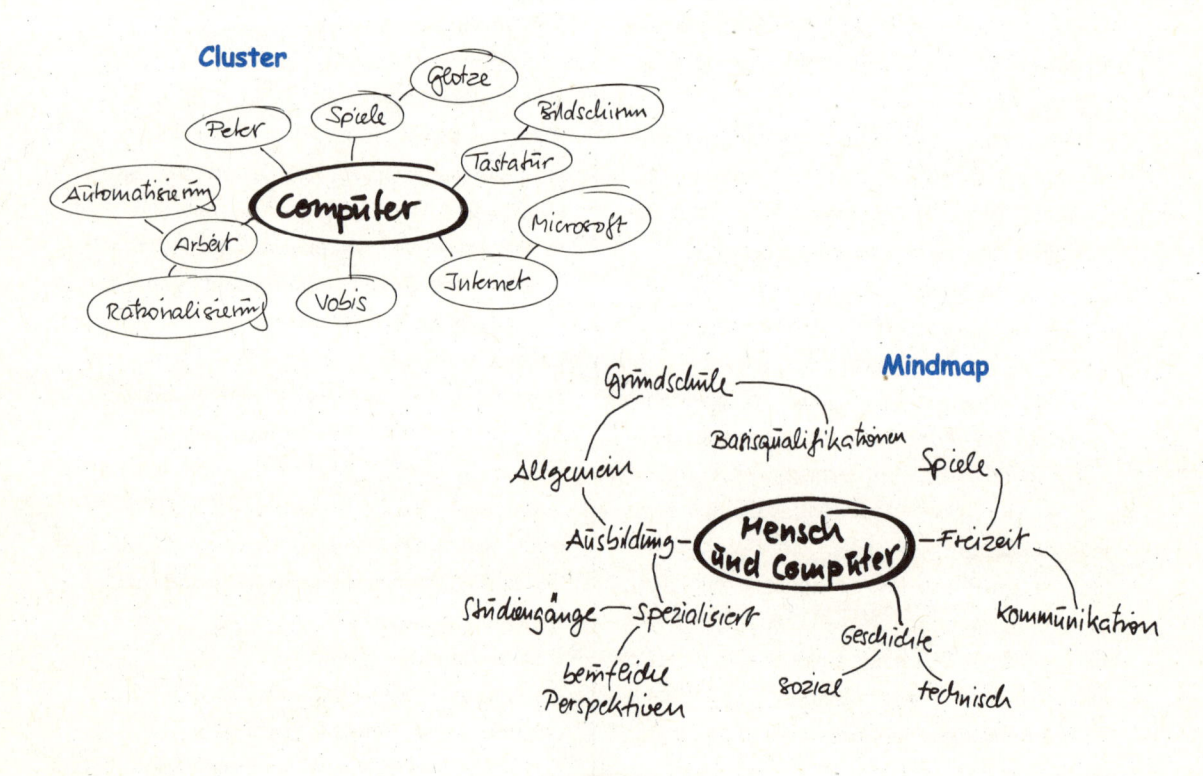

Gliederungsstrategien

Volker Th. Eggeling

Wer schriftliche Hausarbeiten anfertigt, stößt immer wieder auf die Notwendigkeit einer überzeugenden Gliederung seines Textes. Gemeint ist die Suche nach einem „roten Faden", der die inhaltlichen Aspekte der Arbeit in eine sinnvolle Beziehung und Abfolge bringt. Gliederungen gewinnt man meist nicht im ersten Zugriff. Sie entwickeln sich in der Begegnung mit dem Material und gewinnen oft erst gegen Ende einer schriftlichen Arbeit ihre endgültige Gestalt.

Wegen dieses Prozesscharakters ist es vorteilhaft Gliederungen als Hypothesen zu betrachten, mit denen die Aspekte einer Arbeit sinnvoll geordnet werden sollen. Jeder Fortschritt in der Materialaufarbeitung ist dann der Testfall für die Tragfähigkeit der hypothetischen Gliederung. (Eco 1998, S. 140)

Suche nach dem „roten Faden"

Ansatzpunkte für Gliederungen

Wie aber hypothetische Gliederungen entwerfen? Wo ansetzen?

Gibt es auch eine Vielfalt inhaltlicher Gliederungen, so gibt es doch nur eine begrenzte Zahl idealtypischer **Ordnungsmuster**. Sie finden sich als Struktur in vielen konkreten Gliederungen.

Diese Ordnungsmuster zu kennen, macht es leichter, eine hypothetische Gliederung zu entwerfen, auf dieser Grundlage vorzugehen und am Ende der Arbeit einen „roten Faden" herauszukristallisieren, der die inhaltlichen Aspekte transparent und stimmig zusammenführt.

Die Tabelle auf der nächsten Seite stellt zehn solcher Muster vor. Sie lassen sich als Strategien begreifen, nach denen Gliederungen angelegt werden können.

Konkrete Gliederungen von Texten sind häufig Mischformen dieser **zehn logischen Ordnungsmuster**. Die Tabelle erhebt keinen Anspruch auf Vollständigkeit.

Inhaltliche Aspekte transparent machen!

Inhaltsverzeichnis

Die gedanklichen Strukturen und Abfolgen einer Gliederung manifestieren sich äußerlich im Inhaltsverzeichnis einer Arbeit. Es versucht, durch Klassifikationssysteme, hierarchische Gliederungsebenen, aussagekräftige Kapitelüberschriften, Hervorhebungen und Umfangsangaben gedankliche Einheiten trennscharf hervortreten und logisch aufeinander folgen zu lassen. Gute schriftliche Arbeiten zeichnen sich u. a. dadurch aus, dass das Inhaltsverzeichnis **übersichtlich** und **leicht fassbar** einführt in die gedankliche Gliederung des Textes und der „rote Faden" in einem einleitenden Kapitel überzeugend erläutert und begründet wird.

Inhaltsverzeichnis zeigt gedankliche Struktur und Abfolge

Gliederungsstrategien in tabellarischer Übersicht

Vom Allgemeinen zum Besonderen (oder umgekehrt)	Ausgangspunkt sind allgemeine Überlegungen, Annahmen, Theorien, Hypothesen, von denen aus konkrete Fälle analysiert werden **(deduktives Vorgehen)**. — Oder diese Fälle (Phänomene, Autoren, Systeme usw.) sind Ausgangspunkte, von denen her versucht wird, zu allgemeineren Aussagen über sie zu gelangen **(induktives Vorgehen)**.
Vom Nahen zum Fernen (oder umgekehrt)	Ausgangspunkt sind Orte, von denen aus nach geografischen Kriterien zu anderen Orten fortgeschritten wird **(räumliches Vorgehen)**.
Vom Älteren zur Gegenwart (oder umgekehrt)	Ausgangspunkt ist das geschichtlich Ältere einer Thematik, von dem aus über historische Entwicklungsstadien vorangeschritten wird zum geschichtlich Jüngeren und Gegenwärtigen **(chronologisches Vorgehen)**.
Von heutigen Trends zu künftigen Problemlagen	Ausgangspunkt sind Entwicklungsprozesse, die gegenwärtig erkennbar sind, deren weiterer Verlauf kalkuliert wird und deren künftige Wirkungen und Probleme abgeschätzt werden **(prognostisches Vorgehen)**.
Von einem Vergleich zur kritischen Wertung	Ausgangspunkt sind zwei oder mehr Fälle, die beschrieben und mithilfe begründeter Kriterien verglichen werden. Gemeinsamkeit und Differenzen werden herausgearbeitet und bewertet **(kritisch vergleichendes Vorgehen)**.
Von den Wirkungen zu den Ursachen (oder umgekehrt)	Ausgangspunkt sind beschreibbare Wirkungen und Probleme, von denen zu einer theoretischen Analyse und Diskussion ihrer erklärenden Ursachen rückgeschritten wird **(theoretisch erklärendes Vorgehen)**. Umgekehrte Strategie: **Wirkungsanalytisches Vorgehen**.

Von Positionen über Argumente zu neuen Positionen	Ausgangspunkt sind unterschiedliche Thesen, Theorien, Behauptungen, die in einer Kontroverse durch Argumente untermauert oder bestritten werden und zu neuen, begründeten Positionen führen **(diskursives Vorgehen)**.
Von einem gleichwertigen Punkt zum nächsten	Ausgangspunkt ist ein Phänomen, das beschrieben, bewertet, analysiert wird usw.: Es folgen mehrere ähnliche Phänomene, die genauso behandelt werden **(reihendes Vorgehen)**.
Von einem Problem über Lösungsideen zu Entscheidungen und kritischen Auswertungen	Ausgangspunkt sind beschreibbare Probleme, für die Lösungsideen entwickelt und vergleichend bewertet werden. Der Prozess endet meist in einer Auswahlentscheidung, deren Wirkungen kritisch betrachtet werden **(lern- und entscheidungsorientiertes Vorgehen)**.
Von Theorien über Datenerhebung und Interpretationen zur Überprüfung der Theorien	Ausgangspunkt sind Theorien, die über Hypothesen, Untersuchungspläne, Datenerhebungen und Dateninterpretationen zur Überprüfung der Ausgangstheorien führen **(empirisches Standardvorgehen)**.

Literatur

Eco, U.: Wie man eine wissenschaftliche Abschlußarbeit schreibt. Heidelberg 1998[7], S. 146–150.
Kruse, O.: Keine Angst vor dem leeren Blatt. Frankfurt/M., New York 1998[6], S. 224–226.
Preißner, A.: Wissenschaftliches Arbeiten. München 1998, S. 52–84.

Thesenpapier

Hans-Georg Pütz

Das Thesenpapier hat die Funktion, eine Diskussion in Gang zu bringen und die anderen Diskussionsteilnehmer zu Stellungnahmen anzuregen. Inhaltlich konzentriert sich das Thesenpapier auf ein Thema bzw. ein Problem und spitzt die eigene Auffassung zum Thema bzw. die eigene Problemsicht auf die wesentlichen und kontroversen Aspekte zu. Das bedeutet, dass ein Thesenpapier gerade nicht ausgewogen, sondern **einseitig** sein sollte.

Diskussion in Gang bringen

Methode

Der Argumentationsaufbau des Thesenpapiers kann in folgender Weise gestaltet sein:
Die **Einleitung** führt in das Thema ein und versucht das Interesse der Diskussionsteilnehmer zu gewinnen.
Interessant für die Diskussionsteilnehmer ist vermutlich das, was an der eigenen Stellungnahme zum Thema das Besondere, das Neue, das **Überraschende**, das andere Aspekte Berücksichtigende und zum Widerspruch Reizende ist.
Die Einleitung könnte also in aller Kürze enthalten:
— Was steht zur Diskussion?
— Welche Bedeutung bzw. Relevanz hat das Thema?
— Was ist dabei das Problem?
— Welche Bewertung erfährt das Problem üblicherweise oder von anderer Seite?
— Wie bewerte ich das Thema bzw. Problem?
— Warum lohnt es sich meinem Argumentationsgang zu folgen?

Der **Hauptteil** könnte folgende Argumentationsstruktur enthalten:
Es werden die Kernthesen der favorisierten Position in zugespitzter Form dargelegt. Dabei wird auf die Elemente verwiesen, die die Plausibilität dieser Kernthesen erhöhen. Zu diesen Elementen können gehören:
— empirische Fakten und Theorien, die die **Kernthesen** stützen
— zuverlässige und nachprüfbare Quellen, aus denen die dargelegten Informationen stammen.

Nachdem die eigene Position klar und deutlich artikuliert wurde, kann man sich jetzt mit möglichen Einwänden gegen die vorgetragene Position auseinander setzen.
Dabei sollte man sich darauf konzentrieren, von anderer Seite behauptete Unzulänglichkeiten, Ungereimtheiten und Widersprüchlichkeiten zu entkräften. Diese Entkräftung von Gegenpositionen könnte den Verweis auf
— gegenteilige empirische Fakten und
— unzulängliche theoretische Absicherung enthalten.

Der **Schluss** sollte auf die theoretischen und praktischen Konsequenzen der favorisierten Position hinweisen.

eigene Bewertung verdeutlichen

mit Fakten untermauern

Konsequenzen ziehen

Merkpunkte zum Abfassen schriftlicher Arbeiten

Volker Th. Eggeling

Beim Abfassen Ihrer schriftlichen Hausarbeit sollten Sie darauf achten, dass die Arbeit folgende **Bestandteile** aufweist:
— Titelblatt
— Gliederung/Inhaltsverzeichnis
— Einleitung
— Durchführungsteil (mit klassifizierten Kapiteln und Unterkapiteln)
— Schlussteil
— Fußnoten/Endnote
— Literaturverzeichnis (eventuell Tabellen- und Abbildungsverzeichnis)

Titelblatt

ELEMENTE

Gibt mein Deckblatt genaue Informationen über: Titel der Arbeit, VerfasserIn (mit Adresse, Klasse/Semester), ggf. Veranstaltung und VeranstalterIn, Jahrgangsstufe bzw. Semester, Datum der Abgabe und sind die Angaben sachlich zutreffend und übersichtlich geordnet?

Deckblatt

TITEL DER ARBEIT

Entsprechen Titel und Fragestellung der Arbeit einander? Passt das Thema zu meinen Kompetenzen und Interessen? Ist es nicht zu speziell, da sonst kein Material vorhanden ist? Ist es nicht zu allgemein, da es sonst nur oberflächlich von mir bearbeitbar ist? Fordert mein Thema Selbstständigkeit heraus oder nur eine reproduktive Begegnung mit dem Material?

Gliederung/Inhaltsverzeichnis

ROTER FADEN

Löst meine Gliederung die Fragestellung in notwendige und **folgerichtige** Kapitel auf? Wird ein „roter Faden", eine Gliederungsstrategie **erkennbar**? Folgt die Gliederung meinen eigenen Gedanken, ist sie mein Konzept oder orientiere ich mich an einer Materialvorlage?

FORMALE GLIEDERUNG

Besitzt meine Gliederung eine **durchdachte** Klassifikation? Lässt sie einen allgemeinen Überblick erkennen? Passt die Zuordnung der Unterkapitel logisch zu den übergeordneten Kapiteln? Ist sie übersichtlich angelegt?

KAPITELDIFFERENZ

Sind die Unterschiede zwischen den Kapiteln **trennscharf**? Sind meine Kapitel untereinander und im Vergleich zum Umfang der Arbeit vertretbar gewichtet?

Einleitung

Zentrale Ziele
Führt meine Einleitung ins inhaltliche Zentrum der Arbeit? Stellt sie die zentralen Absichten heraus? Werden sie in größere Zusammenhänge gerückt und daraus abgeleitet? Was ist Zentrum, was ist Peripherie meiner Arbeit? Verspricht die Einleitung nicht zu viel?

Methodisches Vorgehen
Erläutere ich die methodische Anlage meiner Arbeit und zwar von den zentralen Absichten her? Welche **Materialbasis** hat die Arbeit und welche grundlegenden **Erkenntniswege** gehe ich? (Beschreibung, Interpretation, Vergleich usw.) Habe ich ein sinnvoll verknüpftes Ganzes entworfen, das als Konzept für die Bearbeitung der Fragestellung überzeugen kann?

Durchführungsteil mit Kapiteln und Unterkapiteln

Thema getroffen?
Habe ich es richtig verstanden und beziehen sich meine Darstellungen nur auf das Thema? Lösen die Inhalte meiner Kapitel den Anspruch meiner Überschriften ein?

Zentrale Begriffe und Annahmen
Definiere und erläutere ich die Verwendung zentraler Begriffe? Halte ich die definierten Begriffsverwendungen durch? Mit welchen Annahmen und Voraussetzungen arbeitet mein Text und sind sie akzeptabel?

Gedankenführung
Besitzt meine Gedankenführung in den einzelnen Kapiteln eine innere **Schlüssigkeit**? Entwickle ich materialgestützte Gedankengänge oder stelle ich einfach Behauptungen auf? Halte ich gelegentlich inne und reflektiere kritisch mein Vorgehen?

Elemente wissenschaftlichen Schreibens
Halte ich auseinander: Fragestellung und Methode, These und Argument, Beschreibung und Wertung, Beispiel und Analyse, Daten und Interpretationen usw.? Beachte ich unterschiedliche Abstraktionsebenen und das Verhältnis von Ergebnis und Methode?

Art und Behandlung der Materialien
Sind meine Materialien **themenrelevant** und qualitativ **angemessen**, neueren oder älteren Datums, kontrovers oder einseitig, Buch- oder Zeitschriftenliteratur usw.? Ist ein Grundlagentext dabei, der die Komplexität der Fragestellung aufschließen kann? Gebe ich Materialien nicht nur zutreffend wieder — wörtlich oder sinngemäß —, sondern leiste auch eine kritische Auseinandersetzung mit ihnen?

Grafische Materialien
Benutze ich grafische Möglichkeiten der Darstellung? Haben sie eine akzeptable Funktion

in der Gedankenführung der Arbeit oder suchen sie nur die eigene, unzureichende Durchdringung der Sache zu überspielen? Werden sie korrekt dargestellt und belegt?

SPRACHE UND LAYOUT

Ist meine Wortwahl genau, anschaulich und unmissverständlich? Bilde ich einfache und prägnante Sätze? Ist jeder Satz ein notwendiger Satz? Bilde ich inhaltlich und logisch einheitliche Absätze? Habe ich eine eigene Sprache gefunden? Verwende ich Fachtermini korrekt? Passt mein Schreibstil zu einer wissenschaftlich angelegten Arbeit? Stimmen Grammatik, Rechtschreibung, Zeichensetzung? Bemühe ich mich um ein ansprechendes Layout?

Schlussteil

ERGEBNISSE

Bringe ich in einem Schlussteil die wichtigsten Ergebnisse der Arbeit noch einmal „auf den Punkt"? Nehme ich dabei kritisch Bezug auf die in der Einleitung herausgestellten Absichten? Sind meine Ergebnisse klar formuliert und erwachsen sie folgerichtig aus meinen Gedankengängen?

EIGENE STELLUNGNAHME

Beziehe ich spätestens im Schlussteil selber Stellung? Bin ich zu einer selbstständigen Auffassung der Sache gekommen, die Gegenstand der Arbeit war?

Fußnoten/Endnoten

FREMDES GEDANKENGUT

Ist fremdes Gedankengut in meiner Arbeit immer klar erkennbar? Belege ich fremde Gedanken durch korrekte Quellenangaben? Kennzeichne ich Zitate immer als solche? Sind sie genau, zweckbezogen und entsprechen dem Sinn der Quelle?

FORM DER HERKUNFTSANGABEN

Wie mache ich sie: Im laufenden Text oder durch Verweis auf eine Fuß- bzw. Endnote?

ZUSATZINFORMATIONEN

Nutze ich Fuß- oder Endnoten auch als Raum für Zusatzinformationen, die im laufenden Text stören würden?

Literaturverzeichnis

VOLLSTÄNDIGKEIT UND ORDNUNG

Gebe ich abschließend ein Verzeichnis der in der Hausarbeit verwendeten Quellen und enthält es das gesamte, verwendete Material? Verzichte ich auf die Angabe von Materialien, die zwar benutzt, aber im Text nicht eingearbeitet wurden? Bestimmt eine einheitliche Ordnung die Abfolge meiner Literaturangaben?

Literatur

Eggeling, V. Th.: Schreibabenteuer Facharbeit. Ein Leitsystem durch die Landschaft wissenschaftlichen Arbeitens. AMBOS 46, Bielefeld 1999.

Literaturangaben, Zitate und Fußnoten

Helga Jung-Paarmann

Zu den unverzichtbaren Merkmalen wissenschaftlichen Schreibens gehört, dass die Herkunft von Informationen für die LeserInnen nachvollziehbar gemacht werden muss. Der/Die LeserIn muss die Informationsquellen des Autors überprüfen, sich ein eigenes Urteil bilden und mit ihnen weiterarbeiten können. Deshalb müssen alle Informationen (= Zitate und sinngemäße Übernahmen von anderen Autoren) durch Literaturangaben belegt werden. Dafür gibt es unterschiedliche Methoden, die von Fach zu Fach und von Universität zu Universität, ja selbst von Dozent zu Dozentin etwas variieren.

Im Folgenden sollen vorgestellt werden:
— eine Methode und
— ihre Variante
— eine zunehmend verbreitetere Methode aus dem angelsächsischen Sprachraum.

Herkunft von Informationen angeben

Zitieren und Belegen

Wenn man Sätze, Satzteile oder charakteristische Begriffe von einem anderen Autor oder einer anderen Autorin in einen eigenen Text übernimmt, muss dies durch **Anführungsstriche** kenntlich gemacht werden. Die Herkunft der Zitate und der übernommenen Informationen steht in Fußnoten, auf die durch hochgestellte, durchlaufende Ziffern im Text hingewiesen wird.

Um die Ausführungen dazu zu veranschaulichen, werden sie im Folgenden durch Beispiele angereichert. Das Werk, dem diese Beispiele entnommen sind, stammt von dem Historiker Christoph Kleßmann[1]. Die als Beispiel herangezogenen Textpassagen sind durch Linien markiert und kursiv gesetzt. Die auf diese Beispiele bezogenen Fußnoten werden in den folgenden Abschnitten über „Fußnoten" und „Literaturangaben" wieder aufgegriffen.

Beispiel

Eine Textpassage wird übernommen, wobei Auslassungen durch … kenntlich gemacht werden. Zitate im Zitat werden durch ‚…' markiert.

Übernahme einer Textpassage

Tatsächlich gab es … eine deutliche Kontinuität und nur einen begrenzten sozialen Wandel der deutschen Eliten im 20. Jahrhundert. „In der westdeutschen Elite sind die Unterschichten — von wenigen Abgeordneten, Gewerkschaftsführern und politischen Beamten abgesehen — nicht vertreten", stellte Wolfgang Zapf 1965 fest. „Sämtliche westdeutsche Führungsgruppen rekrutieren sich überproportional … aus dem Bürgertum und ‚Nachfolgebürgertum' der letzten Jahre des Kaiserreichs und der ersten Republik."[2]

Zitat im Zitat

Wichtig: Was innerhalb der Anführungsstriche steht, muss buchstabengetreu und punktgenau aus der zitierten Vorlage übernommen werden. Der erste von Kleßmann zitierte Satz geht also bei Zapf noch weiter, deshalb steht das Komma nach den Anführungsstrichen. Der zweite zitierte Satz endet dagegen auch bei Zapf mit einem Punkt. Deshalb steht er vor den Anführungsstrichen.

Beispiele

Übernahme eines Zitats

Wahrnehmung und Realität klaffen besonders im Hinblick auf die soziale Herkunft der Funktionselite beträchtlich auseinander. „Fast alle sind schlichter Leute Kind" — so charakterisiert 1962 die konservative Wochenzeitung „Christ und Welt" die Bonner Führungsschicht.[3]

Im Erfolg des „Käfers" spiegelt sich symbolisch der Mythos des Wirtschaftswunders. Das zu zwei Drittel zerstörte Volkswagenwerk entging bei Kriegsende der Demontage — angeblich, weil britische Experten zu dem Ergebnis kamen, der Volkswagen genüge nicht den „grundlegenden Ansprüchen eines Kraftfahrzeuges". „In Leistung und Ausführung" — so das Urteil der Briten — „ist er völlig uninteressant ..., viel zu hässlich und zu laut ...; den Wagen kommerziell herzustellen, wäre ein ganz unrentables Unterfangen."[4]

Beispiel

Anpassung eines Zitats

Die Zitate müssen inhaltlich und grammatikalisch in den eigenen Text passen. Die obigen Beispiele zeigen bereits, wie man dabei vorgehen kann. Wenn man betonen will, dass man nicht nur die eigene Auffassung mit dem Zitat unterstreicht, sondern die Meinung eines anderen Autors wiedergibt, wählt man die indirekte Rede.

Dass die Bundesrepublik „einer Wirtschaft auf der Suche nach ihrem politischen Daseinszweck" gleiche und ihre Geschichte „vor allem ihre Wirtschaftsgeschichte" sei[5], ist auf den ersten Blick eine ebenso einleuchtende wie hinsichtlich der politischen Kultur deprimierende Feststellung.

Kleßmann gibt zwei Aussagen Abelshausers wieder, wobei er die buchstabengetreu übernommenen Satzteile in Anführungsstriche setzt und in seinen eigenen Satz einbaut.

Beispiel

Eine Aussage wird nicht wörtlich, aber sinngemäß übernommen.
Auch dies muss kenntlich gemacht werden.

sinngemäße Übernahme

Die wachsende Prosperität bildete die wohl wichtigste Legitimitätsbasis der neuen politischen Ordnung. Zusätzliche nichtökonomische Faktoren wie die Teilung des Landes, der sich daraus ergebende und ständig virulente Antikommunismus sowie die Sicherheit versprechende Westintegration verbreiterten diese Basis.[6]

Fußnoten

In den Fußnoten (hier: von den Beispielen Kleßmanns) werden die Literaturangaben, aber auch zusätzliche Anmerkungen zum Text un-

verbreitete Methode für Literaturangaben

tergebracht. Sie werden durchnummeriert und stehen entweder am Ende einer Seite oder am Schluss des Textes. Zwei verschiedene Variationen sind möglich:

1) *Christoph Kleßmann, Zwei Staaten, eine Nation. Deutsche Geschichte 1955–1970, Bonn 1988, S. 21, 27, 36, 63 f.*

Wenn ein Werk zum ersten Mal als Beleg benutzt wird, wird es vollständig angegeben wie im 1. Beispiel der Literaturangaben beschrieben. „63 f." bedeutet S. 63 und S. 64; f. = folgende.

2) *W. Zapf (Hg.), Beiträge zur Analyse der deutschen Oberschicht, 2. Aufl., München 1965, S. 17*

Kleßmann übernimmt wörtlich die Aussage eines Experten zu dieser Frage.

3) *Zit. bei W. Zapf, a. a. O., S. 15*

Da der Beleg bereits vollständig angegeben wurde, genügt hier „a. a. O.", d. h. am angegebenen Ort.

4) *Zit. bei K. Hardach, Wirtschaftsgeschichte Deutschlands im 20. Jahrhundert, Göttingen 1976, S. 227*

Hier hat Kleßmann den Hinweis eines anderen Autors übernommen.

5) *W. Abelshauser, Wirtschaftsgeschichte der Bundesrepublik Deutschland 1945–1980, Frankfurt 1983, S. 8*

6) *Vgl. Elmar Altvater u. a., Vom Wirtschaftswunder zur Wirtschaftskrise. Ökonomie und Politik in der Bundesrepublik, Berlin (West) 1979*

Kleßmann hat hier keine bestimmte Textpassage zitiert, sondern gibt ein ganzes Buch an, dessen Quintessenz er wiedergegeben hat. Deshalb „Vgl.", d. h. vergleiche.

Christoph Kleßmann selbst wählt eine andere Form der Anmerkungen: Er gibt in den Fußnoten nur Autor und Erscheinungsjahr wieder, während die vollständigen Literaturangaben im Literaturverzeichnis stehen. Bei ihm sehen die Fußnoten wie folgt aus:

2) *Zapf 1965, S. 17. Der Ausdruck „Nachfolgebürgertum" stammt von H. Pross als Synonym für „obere Mittelschicht". Ebd., S. 152*

Variante der Literaturangabe

Kleßmann gibt hier eine Fußnote von Zapf zu dem von diesem zitierten Begriff wieder. ebd. = ebenda. Dies muss sich immer auf den vorausgehenden Literaturhinweis beziehen.

3) *Zit. ebd., S. 15*

4) *Zit. b. K. Hardach 1976, S. 227*

Kleßmann gibt hier den 1. Buchstaben des Vornamens wieder, weil im Literaturverzeichnis auch Titel von G. Hardach erscheinen.

5) *Abelshauser 1983, S. 8*

6) *Altvater u. a. 1979*

Literaturangaben

BUCH MIT EINER VERFASSERIN

Ute Frevert, Ehrenmänner. Das Duell in der bürgerlichen Gesellschaft, München 1991
(Vorname, Nachname, Titel, ev. Untertitel, Erscheinungsort, Jahr)
Zu diesen Angaben kann hinzukommen: Zahl der Bände bei einem mehrbändigen Werk, Auflage.

Hermann Kinder/Werner Hilgemann, dtv-Atlas zur Weltgeschichte. Karten und chronologischer Abriss, 2 Bde. 27. Aufl., München 1993

SAMMELBAND MIT BEITRÄGEN MEHRERER AUTORINNEN/HERAUSGEBERINNEN

Klaus E. Müller/Jörn Rüsen (Hg.), Historische Sinnbildung. Problemstellungen, Zeitkonzepte, Wahrnehmungshorizonte, Darstellungsstrategien, Reinbek bei Hamburg 1997
(Hg. oder Hrsg.: Herausgeber)
Eine alternative Zitierweise ist:
Historische Sinnbildung. Problemstellungen, Zeitkonzepte, Wahrnehmungshorizonte, Darstellungsstrategien, hg. v. Klaus E. Müller und Jörn Rüsen (Hg.), Reinbek bei Hamburg 1997

EINZELBEITRAG IM SAMMELBAND

Reinhard Koselleck, Vom Sinn und Unsinn der Geschichte, in: Klaus E. Müller/Jörn Rüsen, Historische Sinnbildung, Reinbek bei Hamburg 1997, S. 79–97.
(Wichtig: Zuerst der Beitrag, dann der Sammelband, zum Schluss die Seitenangabe)

AUFSATZ IN EINER ZEITSCHRIFT

Leonhard Harding, Afrika – Wiege der Menschheit, in: Geschichte lernen, 8. Jg., H. 44, März 1995, S. 4–7
(Aufsatz, Zeitschrift [evtl. mit Erscheinungsort], Jahrgang, Heft, Erscheinungsjahr, Seitenangabe)

Methode aus dem angelsächsischen Sprachraum

Die oben beschriebene Art, Informationen und Zitate zu belegen, wird zunehmend durch eine einfachere Form abgelöst, die in den angelsächsischen Ländern schon lange üblich ist. Dort werden die Literaturbelege in den Text eingebaut, wobei nur Autor, Erscheinungsjahr und Seitenzahl angegeben werden. Die vollständigen Titel stehen im Literaturverzeichnis. Zusätzliche Bemerkungen kommen in Fußnoten. Das dritte Beispiel aus dem ersten Kapitel sieht dann wie folgt aus:

Dass die Bundesrepublik „einer Wirtschaft auf der Suche nach ihrem politischen Daseinszweck" gleiche und ihre Geschichte „vor allem ihre Wirtschaftsgeschichte" sei (Abelshauser 1983, S. 8), ist auf den ersten Blick eine ebenso einleuchtende wie hinsichtlich der politischen Kultur deprimierende Feststellung.

Oft wird auch der Verlag angegeben:
Werner Abelshauser (1983), Wirtschaftsgeschichte der Bundesrepublik Deutschland 1945–1980, Frankfurt: Suhrkamp

Sozialbiografie

Wolfgang Emer

In vielen Fächern besteht die Notwendigkeit, sich mit wichtigen Personen zu befassen. Wie kann das in Lexika und Biografien Gelesene analysiert und übersichtlich dargestellt werden?

Ziele und Formen der Biografie

Eine Biografie, d. h. die Lebensbeschreibung eines Menschen, kann aus verschiedenen Absichten heraus angefertigt werden.
— Zur **Selbstvergewisserung**, -rechtfertigung oder -darstellung in Form der Autobiografie (eine Person beschreibt ihr eigenes Leben).
— In **literarischer Absicht**: Jemand fühlt sich von einer (historischen) Person fasziniert und schreibt ihre Geschichte aus realen und (sich einfühlenden) fiktiven Elementen.
— In **wissenschaftlicher Absicht**: Historiker bzw. andere Sozialwissenschaftler möchten die Lebensgeschichte von Personen als Teil der allgemeinen Geschichte der Nachwelt möglichst wahrheitsgetreu darstellen. Dabei gibt es verschiedene Perspektiven:
  • Biografie im Rahmen der **Genealogie**: Der Historiker interessiert sich als Familienforscher für die Lebensdaten der Person im Geflecht der Familie.
  • Biografie im Rahmen der **historisch-politischen** Geschichte:
  Dabei geht die Biografie oft von der Vorstellung aus, dass große Männer/Frauen Geschichte wesentlich beeinflussen. Hier wird vom Besonderen, dem Leben des Einzelnen, auf das Allgemeine geblickt.
  • Biografie im Rahmen der **Sozialgeschichte**: Hier dient Biografie als ein Erkenntnismittel und ein Baustein einer Gesellschaftsgeschichte.
  Das Leben des Einzelnen wird als Beispiel bzw. Erkenntniselement der Gesellschaft genommen und umgekehrt diese als Erklärung der Lebensstrukturen des Einzelnen.
  Eine solche Biografie nennt man Sozialbiografie.

Erstellen einer Sozialbiografie

Informationsbeschaffung

Zunächst müssen Sie sich die Informationen beschaffen:
— **Lexika:** Dazu gehören vor allem: Alte und neue Konversationslexika (Zedler, Brockhaus, Meyers usw.), Who is Who in Germany, in France usw., Kürschners Gelehrtenlexikon (für Professoren in Deutschland), NDB (Neue Deutsche Biographie), ADB (Allgemeine Deutsche Biographie), DBE (Deutsche Bio-

graphische Enzyklopädie), Biographische Enzyklopädie der Naturwissenschaft und Technik usw.
- Literatur über die Person (z. B. vorhandene **Einzelbiografien**)
- **Werke** der Person mit biografischen Notizen.

AUFBEREITUNG

Folgende Fakten und Informationen sollten für eine Sozialbiografie erhoben werden (s. Kasten), um so über die Rolle der Person in der Gesellschaft Klarheit zu erlangen. Den Untersuchungspunkten sind Kategorien der Gesellschaftsanalyse zugeordnet.

Sie können diese Datensammlung auch als Vorarbeit benutzen, um daraus einen danach gegliederten **sozialbiografischen Essay** zu schreiben oder eine gegliederte Datensammlung als **Hand-Out** vorzulegen. Schließlich eignet sich eine solche Datenreihe als **Vergleichsbasis** verschiedener untersuchter Personen.

(Verwendungsmöglichkeiten)

Literatur

Hey, B. u. a.: Umgang mit Geschichte. Stuttgart 1992, S. 48.
Szczepański, J.: Biographische Methode. In: Bernsdorf, W. (Hg.): Wörterbuch der Soziologie. Stuttgart 1969, S. 121–123.
Alheit, P./Dausien, B.: Biographie. In: Sandkühler, J. (Hg.) Europäische Enzyklopädie zu Philosophie und Wissenschaften. Bd. 1, Hamburg 1990, S. 405–418.

Untersuchungspunkte:
- Name, Vorname, evtl. Titel
- Geburtsdatum und -ort/Sterbedatum und -ort
- Herkunft/Familie, dazu Beruf des Vaters, der Mutter, evtl. der Großeltern, Geschwisterzahl und deren Berufe, sonstige Verwandte
- Konnubium (verheiratet mit ...)
- Bildung/Einflüsse/eigene Werke

- (Berufliche/politische) Karriere

- Ökonomische Situationen (Einkünfte, Besitz, ...)
- Soziale Beziehungen (Freunde, Bekannte, Förderer, Gegner, Kritiker usw.)
- Einstellung zu bestimmten Ereignissen in Schrift, Handlung, Verhalten usw.

geben Auskunft über:
- Stand, regionale Herkunft
- zeitliche Einordnung, lokale Mobilität
- soziale Schicht und Milieu

- soziale Mobilität, soziale Stellung
- politische und soziale Sozialisation, mentale Strukturen
- soziale Bedeutung, soziale Möglichkeiten und Muster des Auf- und Abstiegs
- sozioökonomische Stellung
- Stellung in sozialen Gruppen und politischen Bewegungen, soziale Abgrenzung
- individuelle Handlungsmöglichkeiten und Einfluss auf allgemeine politische und soziale Zusammenhänge

Rezension

Wolfgang Emer

Rezensionen (Buchbesprechungen) erscheinen normalerweise in Zeitungen und (Fach-)Zeitschriften und stellen den Lesern Neuerscheinungen vor. Wenn Sie selbst eine Buchbesprechung schreiben, lernen Sie
— sich **Klarheit** über ein Buch zu verschaffen im Hinblick auf Inhalt, Methode und Brauchbarkeit für die eigene Arbeit,
— durch diese vertiefte Auseinandersetzung mit einem Buch später **andere Bücher** leichter zu beurteilen, wissenschaftlich zu arbeiten und wichtige Einsichten (Begriffe, Methoden, zentrale Erkenntnisse) zu einem eigenen Beurteilungsraster für Gelesenes zu verbinden,
— die Leser Ihrer Buchbesprechung zu **orientieren** und ihnen Kategorien, kritische Einsichten und eigene Urteile zu vermitteln.

Wozu eine Rezension?

Elemente einer Rezension

Die folgende Aufstellung ist als Merkliste zu verstehen. Sie kann in der Reihenfolge geändert werden und einzelne Punkte unterschiedlich ausführlich berücksichtigen. Zu den einzelnen Punkten machen Sie sich Notizen und schreiben daraus einen kurzen zusammenhängenden Text, der den folgenden drei Kapiteln folgt.

ÄUSSERER RAHMEN

— Wie bei jeder Literaturangabe nennen Sie zunächst den Verfasser, den Titel sowie Erscheinungsort und -jahr.
— Geben Sie, wenn möglich, eine kurze Auskunft über den Autor.
— Machen Sie Angaben zu Umfang, Preis und Ausstattung (z. B. Karten, Bilder, Anmerkungen, Bibliografie, Erschließbarkeit des Inhalts über Personen- und Sachregister).

INNERE STRUKTUR

Das Wichtigste bei einer Rezension ist, dass Sie die **Kernaussagen** des Buches erfassen und sich nicht in Einzelheiten verlieren. Dazu bearbeiten Sie die folgenden Punkte. Hilfreich ist dafür besonders das genaue Lesen der Inhaltsangabe, der Einleitung, des Fazits und ausgewählter Kapitel.
— **Fragestellungen** und Absichten des Autors sind meist in der Einleitung dargelegt.
— Das **methodische Vorgehen** ist aus Bemerkungen in der Einleitung und der Gliederung ablesbar. Folgende Fragen können weiterhelfen: Auf welche Autoren, Theorien und Untersuchungen stützt sich der Autor, von welchen grenzt er sich ab? (siehe sein Literaturverzeichnis) Welche Perspektive nimmt er gegenüber seinem Gegenstand ein? Welches Vorgehen begründet er?

- Die **Struktur** des Buches und sein Inhalt lassen sich aus dem Inhaltsverzeichnis, der Einleitung und dem Fazit entnehmen.
- Die inhaltlichen **Ergebnisse** können Sie dem Fazit entnehmen. Oft werden auch am Ende der Kapitel Ergebnisse zusammengefasst. Wichtig ist auch die vom Autor verwendeten Schlüsselbegriffe zu finden, die so etwas wie das Denknetz bilden, auf dem die Ergebnisse aufbauen, und sie sich eventuell in einer Grafik (Mindmap) veranschaulichen.

BEURTEILUNG

Was halte ich von dem Buch?

Inzwischen ist Ihnen beim Lesen und Analysieren klarer geworden, was Sie von dem Buch halten. Diese Gedanken zu ordnen, sollen die folgenden Punkte helfen:

- Welche **Tendenz** hat das Buch Ihrer Meinung nach? Schreiben Sie dazu keine Allgemeinplätze (z. B. „der Autor ist fortschrittlich"), sondern suchen Sie Zitate, die die Tendenz zeigen und setzen Sie sich mit ihnen auseinander.
- Stellen Sie Beobachtungen zum **Stil** zusammen: Wie klar, lesbar, anschaulich schreibt der Autor, welche Fachsprache verwendet er wie?
- Versuchen Sie am Ende eine eigene zusammenfassende **Einschätzung** zu formulieren, die Inhalt, Form, Benutzbarkeit, Ausgewogenheit u. a. berücksichtigt.

Literatur

Borowsky, P. u. a.: Einführung in die Geschichtswissenschaft. Bd. 1, Opladen 1976², S. 85.

Kommunikation und Präsentation

... erfordern einerseits Formen der gegenseitigen Verständigung: Bei der **Kleingruppenarbeit** geht es um die Abstimmung des gemeinsamen Arbeitsprozesses, bei der **Projektarbeit** — unter anderem — um Teamarbeit überhaupt und das **Rollenspiel** führt schließlich zur geschärften gegenseitigen Wahrnehmung.

... erfordern andererseits Kompetenzen der Darstellung: Deren häufigste Form ist das Referat bzw. der Vortrag, wozu das Kapitel **Einen Vortrag halten** Anregungen wie Stichwortzettel sowie Techniken der Aufmerksamkeitsgewinnung gibt und das Kapitel **Feedback geben** Formen der Rückmeldung vorschlägt. Eine zweite wichtige Präsentationsform stellt die Visualisierung eines Posters (**Visualisierung und Posterpräsentation**) dar.

Kleingruppenarbeit

Felix Winter

Es gibt sehr unterschiedliche Arten von Gruppenarbeit. Der Zeitraum, den die Gruppe zur Verfügung hat, die Eigenheiten der Aufgabe und das Alter der TeilnehmerInnen spielen da eine wichtige Rolle. Daher ist es nicht ganz einfach, allgemeine Tipps zu geben. Jeder weiß aber, dass Gruppenarbeit manchmal prima läuft, manchmal aber nichts bringt oder sogar dazu führt, dass sich die Beteiligten noch zerstreiten. Die meisten nehmen an, dass es eben daran liegt, ob die Leute in der Gruppe zusammenpassen. Diese Annahme ist nicht ganz falsch. Dadurch, wie man an die Gruppenarbeit herangeht, kann man aber viel dafür tun, dass die Leute zusammenpassen und der Gang der Dinge nicht dem Zufall überlassen wird.

Dazu sollen die folgenden Tipps und Kontrollfragen dienen.

Gruppenarbeit klappt nicht immer

Klare Aufgaben

Es ist gut, wenn der Auftrag an die Gruppe schriftlich vorliegt und jeder ein Exemplar davon hat. Das heißt nicht, dass Aufgaben mit genauen Festlegungen die besten wären, die Gruppe braucht auch **Gestaltungsfreiheit**. Es gibt gute offene oder ganz freie Aufgaben. Die Gestaltungsfreiheit der Gruppe und ihre Aufgaben sollten aber mit der Lehrerin oder dem Lehrer geklärt werden. Im Zweifelsfall gleich nachfragen, anstatt später feststellen, dass man sich missverstanden hat.

Nicht zu eng!

Arbeitsplatz

Die Mitglieder einer Kleingruppe sollten sich alle anschauen können und drumherum darf es **nicht hektisch oder laut** sein. Unter Umständen kann man sich ja auch zu Hause bei jemandem treffen, bei dem es gemütlich ist.

Regeln

Klar, jeder kann in einer Kleingruppe mitreden und mitmachen. Aber ein wirklich gutes Team ist man nicht, sondern das wird man erst. Das gilt in der Schule genauso wie bei den Profis im Sport. Es gibt zwei Bereiche, die man regeln kann:

— Am Beginn ihrer Arbeit sollte sich die Gruppe klarmachen, **welche Schritte** zur Bewältigung ihrer Arbeit zu gehen sind. Welche davon werden schwierig und welche werden leicht zu packen sein? Schon zu Beginn sollte jedes Mitglied der Gruppe sagen, wie es sich die Arbeit der Gruppe vorstellt und was das Ergebnis sein sollte. Wenn klar ist, was getan werden soll, kann ein Zeitplan dafür

Ablauf der Arbeit

überlegt werden. Der muss vor allem dann gut überlegt werden, wenn die Arbeit aufgeteilt wird.
— Besonders für Gruppen, die noch nicht oder wenig zusammengearbeitet haben, kann es sinnvoll sein, **Rollen festzulegen**. Man kann z. B. Folgendes festlegen:
- jemanden, der ein Treffen leitet
- jemanden, der kontrolliert, ob die Aufgabenbedingungen auch korrekt eingehalten werden
- jemanden, der aufschreibt, was besprochen und beschlossen wird
- jemand, der später berichtet, wie die Gruppe vorging und was sie erarbeitet hat
- jemand, der Vorschläge macht
- jemand, der bewertet, was vorgeschlagen wird
- jemand, der bei Streit dafür sorgt, dass die Streithähne sagen können, was sie sich wünschen und der den Streit schlichten kann.

Solche und ähnliche Rollen werden in vielen Gruppen spontan von einzelnen Personen ausgeführt. Selbstverständlich braucht man nicht alle einzurichten. Gut ist es auch, wenn es jemanden gibt, der durch einen Witz die Szene auflockern kann. Erfahrungsgemäß trauen sich viele Gruppen nicht, Abläufe zu regeln oder Rollen zu verteilen. Vielleicht, weil die Beteiligten denken, in einer guten Gruppe müsse es spontan gut laufen. Wenn eine Person aber entsprechende Vorschläge macht, werden sie meist aufgegriffen.

unterschiedliche Rollen

Spontanität reicht nicht!

Verantwortung der Gruppe

Zum Gelingen der Gruppenarbeit kann man vor allem dann beitragen, wenn man seine **eigene Meinung**, sein eigenes Können einbringt. Wenn sich alle nach der (vermuteten) „Gruppenmeinung" richten, kommt keine lebendige Arbeit zustande. Wenn jeder einbringt, was er denkt und sich in Ruhe anhört, was die anderen meinen und wollen, dann können Verständnis und gemeinsame Verantwortung wachsen. Entscheidungen sollen gemeinsam getroffen und getragen werden.

Innehalten

Dadurch unterscheiden sich **gute Teams** von schlechten, dass sie dies können. Manchmal muss ein **Plan geändert** werden. Manchmal hat sich eine **ungute Stimmung** aufgebaut, und man muss erst einmal reflektieren, was in der Gruppe los ist und wie man jetzt weiterkommt. Gruppen, denen es gelingt, sich in schwierigen Situationen zu steuern, haben den Schlüssel zum Erfolg.

Geeignete Arbeitsformen

Fünf Menschen können mehr heben als einer, Theater ist meist lustiger, wenn mehr als ein Darsteller spielt, sieben Schülerinnen und Schüler können in gleicher Zeit mehr Leute befragen oder mehr lesen als einer. Einen Text formuliert dagegen einer oft besser, als wenn zehn sich darüber beugen.

Was geht gut in Gruppen?
— Vorschläge entwickeln, Vorschläge prüfen
— Gedanken oder Meinungen zusammentragen und abwägen
— Erkundigungen einholen
— Texte lesen und diskutieren
— sich wechselseitig etwas vortragen
— sich gegenseitig beraten und helfen
— üben, sich abfragen und bewerten
— sich größere Unternehmungen (z. B. Aufführungen, Feste, Aktionen, Untersuchungen) vornehmen
— knifflige Problemaufgaben lösen
— u. a. m.

(handschriftliche Randnotiz: r Gruppenarbeit geeignet:)

Natürlich kann Gruppenarbeit auch darin bestehen, dass man Aufgaben an Einzelne **delegiert** und später **zusammenträgt**, was beigebracht wird. Dazu braucht man aber dann noch genügend Zeit und auch Arbeitsformen, wie sie gerade genannt wurden, sonst entsteht keine Gruppenleistung.

Lockere Atmosphäre

Zur Gruppenarbeit gehören auch Entspannung, ein Schwätzchen und lockere Atmosphäre. Gruppen, die nur angestrengt diskutieren oder arbeiten, geraten leicht in Verkrampfung und Streit. Andererseits verstehen es gute Gruppen, ihre **Entspannungsphasen** zu begrenzen und rasch wieder zu intensiver Arbeit überzugehen.

Präsentation der Ergebnisse

Es ist schade, wenn eine gute Gruppenleistung in der Klasse bzw. dem Gesamtkurs nicht sichtbar wird. Für eine gelungene Präsentation ist es notwendig, dass sie **gut geplant** wird und dass frühzeitig festgelegt wird, wer die Arbeitsergebnisse vorträgt. Wenn dies mehrere Personen tun, müssen die Einzelbeiträge genau abgesprochen werden. Es ist nicht nötig, ungelöste Probleme oder Meinungsunterschiede zu verdecken. Diese beleben oft die Darstellung und regen Diskussionen an. Viel Aufmerksamkeit erreicht man auch dadurch, dass man berichtet, was die Gruppe besonders interessiert hat und wie sie in der Arbeit vorgegangen ist.

Einzelbeiträge abstimmen

Misslungene Gruppenarbeit

Die besten Tipps und Vorsätze werden nicht verhindern können, dass Gruppenarbeit manchmal misslingt. Zum Trost sollte man sich vor Augen halten, dass dies auch dem übrigen Unterricht passieren kann. Wenn man reflektiert, was die Gruppenarbeit so schwierig gemacht hat, dann hat man trotzdem etwas gelernt.

Literatur

Klafki, W.: Lernen in Gruppen. In: Pädagogik, Heft 11 44/1992, S. 6—11.
Meyer, H.: Unterrichtsmethoden. Bd II, Berlin 1987, S. 254—270.

Projektarbeit

Wolfgang Emer

Neben dem traditionellen Unterricht gewinnt zunehmend der Projektunterricht an Bedeutung. Als Unterrichtsform ist er relativ offen. Dies bietet Ihnen als Schüler Möglichkeiten, Unterricht mitzugestalten, selbstständiges Handeln zu erproben, neue Schlüsselqualifikationen (wie z. B. Teamwork, Planung, vernetztes Denken, Konfliktlösung) zu erlernen, in der Schule ungenutzte Talente einzubringen und gestaltend in Wirklichkeit einzugreifen.

Möglichkeiten der Projektarbeit

Ziele und Kriterien

Ein Projekt hat verschiedene Ausgangspunkte, Arbeitsformen und Zielpunkte, die man in sieben Kriterien verdeutlichen kann.

Zwei Ausgangspunkte, die die Themenfindung betreffen:
– **Gesellschaftsbezug:** Das Projekt soll an reale, möglichst relevante gesellschaftliche Probleme und Bedürfnisse anknüpfen.
– **Lebenspraxisbezug:** Das Projekt soll an Ihren lebensweltlichen Interessen als Schüler orientiert sein.

Drei Arbeitsformen sind für den Projektunterricht konstitutiv:
– **Selbstbestimmtes Lernen:** Mitbestimmung bei der Planung und Durchführung des Projekts sind notwendig. Lehrer- und Schülerrollen verändern sich, die Projektgruppe wird entscheidend für den Lernprozess.
– **Ganzheitliches Lernen:** Die Kopfarbeit soll durch kreatives, entdeckendes und produktives Handeln ergänzt werden.
– **Fächerübergreifendes Arbeiten:** Das Projekt soll Probleme und Inhalte verschiedener Fächer integrieren.

sieben Kriterien eines Projekts

Zwei Zielhorizonte sind für den Projektunterricht relevant:
– **Produktorientierung:** Oft wird im Unterricht nur für eine gute Note oder ein Zertifikat gearbeitet. Bei der Produktorientierung kommt es darauf an, am Ende eines Projekts ein fertiges Produkt vorweisen zu können. Dies gelingt insbesondere dann, wenn das Produkt einen „Mitteilungs- und Gebrauchswert" (Duncker) für andere außerhalb der Projektgruppe gewinnt.
– **Kommunikabilität:** Zu einem Projekt gehört die Vermittlung im Rahmen der Schulöffentlichkeit. Durch die Kommunikation nach außen mit spezifischen Institutionen in der Umwelt gewinnt das Projekt größeren Ernstcharakter.

Phasen und Methoden

Projektarbeit verläuft anders als normaler Unterricht, bei dem die Rollen klar zwischen Lehrer (Vermittler) und Schülern (Lernende) festgelegt sind.

Beim Projekt kommt es entscheidend auf einen **Rollenwechsel** bei beiden an: Der Lehrer steuert nicht mehr alles, ist nicht Experte in allem. Die Schüler dagegen müssen auch Experten-, Planungs-, Leitungs- und Vermittlungsfunktionen übernehmen.

Die Projektarbeit verläuft dann in der Regel in **fünf Phasen** ab, für die es unterschiedliche Methoden (methodische Schritte) gibt (siehe Kasten unten):

Phase	**methodische Schritte**
Initiierungsphase	— Thema überlegen — Initiatoren finden — Rollen in der Projektgruppe reflektieren
Planungsphase	— Themenstellung und -aspekte präzisieren — Produkt und Adressaten festlegen — Arbeitsmethoden und -orte bestimmen — Zeit- und Materialplan anlegen — Projektplan erstellen
Durchführungsphase	— Material beschaffen und erkunden — auswerten und bearbeiten — das Produkt erstellen — koordinieren und reflektieren
Präsentationsphase	— das Produkt präsentieren — für das Produkt werben — das Produkt kommunikativ vermitteln
Auswertungsphase	— das Produkt bewerten — die Wirkung beurteilen — den Prozess bewerten

Gelingen des Projekts

Worauf müssen Sie achten, wenn ein Projekt gelingen soll? Hier können nur einige Merkpunkte angesprochen, aber keine Erfolgsgarantien gegeben werden. Dazu gibt es zu viele Bedingungsfaktoren wie z. B. Gruppe, Situation, Thema, Produkt, Öffentlichkeit. Sie alle enthalten Chancen und Risiken und machen den Reiz der Projektarbeit aus.

Orientierungen für das Projekt

THEMA FINDEN
Das Thema sollte kein totes Buchthema sein, sondern ein Problem **aus der Realität** aufgreifen. Ein Bezug zu eigenen (Lebens-)Interessen sollte bestehen.

GRUPPE
Projekt ist keine Einzelleistung, die funktionsfähige Gruppe ist der Handlungsrahmen. Sie muss hergestellt und gepflegt werden.

ROLLENWECHSEL
Bleiben die traditionellen Rollen fixiert und übernehmen Sie als **Schüler** keine Verantwortung und neue Rollen, geben **Lehrer** ihre dominante Leitungsrolle nicht auf (ihre Planungskompetenzen sollen sie allerdings einbringen), dann wird die Projektarbeit problematisch.

PLANUNG
Mit allen Teilnehmern planen und entscheiden, am Anfang auch einen **Projektvertrag** zwischen Lehrern und Schülern vereinbaren, der die Rollen, Verantwortung, Ziele und Zuständigkeiten regelt.

PROJEKT VERANKERN
Projekte gewinnen durch Öffnung der Schule, d. h. durch **Kontakte** zu außerschulischen Lernorten, Personen, Gruppen oder Institutionen, die mit dem zu untersuchenden Problem zu tun haben und die Informationen, Material liefern sowie Gespräche bieten können. Die Projektarbeit wird dadurch ernsthafter.

PRODUKT
Es sollte sorgfältig überlegt werden, vor allem sollte es **kein reines „Pappenobjekt"** sein, für das sich keiner richtig interessiert. Der Mitteilungs- und Gebrauchswert des Produkts muss deshalb im Hinblick auf die (außerschulischen) Adressaten (s. o. Projekt verankern) bestimmt werden: Wer interessiert sich warum dafür? Was bewirkt und verändert es?

SPASS UND FRUST
Ein Projekt muss Spaß machen, aber Sie müssen wissen, dass er nicht immer da ist, sondern dass es eine **Lust-Frust-Kurve** geben wird, die es durch Nachdenken und Ansprechen zielorientiert weiterzuentwickeln gilt.

Hilfen und Bedingungen

— Wenn es an Ihrer Schule noch keine oder nur wenig oder unbefriedigende Projektarbeit gegeben hat, dann ist es ratsam mit interes-

Einrichtung von Projektarbeit

sierten Schülern und Lehrern einen extra **Projektausschuss** etwa im Rahmen der SV zu bilden, der sich die Einführung und Ermöglichung guter Projekte als „Projekt" vornimmt.
– Hilfreich kann es auch sein, über die Bezirksschülervertretung oder direkt an eine Schule mit Projekterfahrung heranzutreten, sie zu besuchen, mit ihr zu **kooperieren**.
– Nützlich kann auch die gemeinsame Lektüre von **Projektliteratur** sein. Eine Literaturliste mit empfehlenswerter Literatur ist beim „Verein für Projektdidaktik" (z. Hd. K. H. Goetsch, Bahrenfelder Str. 98, 22765 Hamburg) kostenlos zu erhalten.
– Schließlich müssen über den Projektausschuss, die Vertrauenslehrer oder andere entsprechende **Rahmenbedingungen** an der Schule geschaffen werden: Keine abgekoppelte Projektwoche am Ende des Schuljahres, sondern z. B.
• eine **angemessene Zeit**,
• **variable Formen** (von Mini- über Fachprojekte, Projektexkursionen zur vorbereiteten Projektwoche),
• **Anerkennung** von Projektleistungen.

Für den Einzelnen scheint dies vielleicht alles zu viel. Deshalb gilt: Besser klein und gemeinsam anfangen als gar nicht. Es lohnt!

Literatur

Bastian, J./Gudjons, H./Schnack, J./Speth, M. (Hg.): Theorie des Projektunterrichts. Hamburg 1997.
Emer, W./Horst, U./Ohly, K. P. (Hg.): Wie im richtigen Leben. Projektunterricht für die Sekundarstufe II. Bielefeld 1994[2] (zu erhalten über den AMBOS-Verlag des Oberstufen-Kollegs).

Rollenspiel

Volker Kullmann

Entstehung des Rollenspiels

J. L. Moreno entwickelte in den zwanziger Jahren aus dem **Stegreifspiel** für Kinder eine Form therapeutischen Arbeitens, das **Psychodrama**, das von verschiedenen Vertretern der humanistischen Psychologie angewandt und weiterentwickelt wurde.

Vom Stegreifspiel ist auch das **Rollenspiel** abgeleitet, das die Möglichkeit bietet, Situationen und Probleme plastisch vorstellbar darzustellen. Eine sehr wichtige Funktion besteht dabei darin, eigenes und fremdes Verhalten besser zu verstehen oder eigene zukünftige Verhaltensweisen spielerisch zu erproben. So kann z. B. bei einem im Rollenspiel durchgeführten Bewerbungsgespräch dem Bewerber die Angst vor der Ernstsituation genommen werden und er kann erkennen, was günstige und ungünstige Verhaltensweisen sind, um sich danach begründet für bestimmte Alternativen zu entscheiden.

Verhaltensweisen spielerisch erproben

Lernerfahrungen

Die sinnlich erfahrbare Situation macht es in vielen Fällen leichter oder überhaupt erst möglich, bewusst zu erleben, wie bestimmtes fremdes Verhalten motiviert ist und wie es auf die jeweils anderen Beteiligten wirkt. Ein ganz wesentliches Element des Rollenspiels besteht im **Rollentausch** („taking the role of the other"), wodurch die Situation für den Handelnden sehr viel klarer wird, da er sich durch einen anderen gespielt sieht und gleichzeitig erfährt, wie es dem anderen in seiner Rolle im Verhalten ihm gegenüber geht.

Insofern bewirkt das **Agieren**, das In-die-Rolle-gehen ein differenzierteres Verständnis für menschliches Verhalten und Einsichten, die häufig durch Darüber-Reden nicht möglich sind. So lassen sich beispielsweise im politischen Unterricht Erkenntnisse über die Hintergründe kontroverser Haltungen politischer Gegner oder über Befindlichkeiten von Außenseitern oder Minderheiten gewinnen und eigene Haltungen überdenken. Auf diese Weise werden aber auch Problem- oder Konflikt-Situationen innerhalb oder außerhalb der Klasse besser verstehbar und lösbar.

intensiveres Verständnis der Situationen

Bei der Lösungssuche lassen sich mehrere Lösungen alternativ durchgespielen.

Durchführung

Rollenspiel lebt von der **Spontanität** und **Kreativität** und ist dann besonders lebendig, wenn es nicht vorbereitet ist, d. h., wenn die Dialoge vorher nicht ausformuliert sind. Stattdessen wird nur die Situation vorgegeben und möglichst genau beschrieben. Welche Personen sind beteiligt, was ist das Problem, wie verhalten sich die Personen?

spontanes Spiel einer Situation

Obgleich beim Rollenspiel szenische Hilfsmittel keine Rolle spielen, ist es doch sehr wichtig, die Szene möglichst „realistisch" zu gestalten, falls es eine Modellsituation gab, die quasi nachgespielt wird, ansonsten so, dass das Wesentliche möglichst gut deutlich wird. Stehen die Gesprächspartner oder sitzen sie, haben sie Blickkontakt oder nicht, usw.?

Szene realistisch gestalten

Freiwilligkeit bezüglich der Rollenübernahme ist eine wichtige Voraussetzung für gelungenes Spiel. Hilfreich ist, wenn die Akteure „Rollenkarten" erhalten, auf denen Hinweise zum Verhalten und Auftreten festgehalten sind.

Spielsequenz

Thema: *Bitte abschlagen, „Nein" sagen, weil eigene Interessen dagegenstehen.*
Rollenkarten:

Schüler(in) A

hat sich vorgenommen am Nachmittag für die am nächsten Tag anstehende Klausur in Englisch zu lernen, die unbedingt besser ausfallen muss als die letzte. Am Abend leitet er das Basketball-Training der A-Jugend und hat niemanden, der ihn vertreten könnte. Nach Schulschluss erbittet Schüler B für den Nachmittag die Hilfe von A beim Kauf eines PCs in einer Nachbarstadt. A weiß aber, dass er am Nachmittag nicht mehr zum Lernen kommen wird, wenn er mitfährt. Er möchte B zwar nicht enttäuschen, doch auch seinen Plan zu lernen nicht einfach aufgeben.

Rollen-konkretisierung

Schüler(in) B

hat heute Nachmittag die Gelegenheit einen sehr preisgünstigen PC zu kaufen, muss sich aber sofort nach Besichtigung entscheiden und braucht den fachmännischen Rat von A. B bekommt heute von seiner Schwester ein Auto geliehen, um den PC gleich mitzunehmen. Da der Verkäufer 80 km entfernt wohnt, wird A seinen Plan aufgeben müssen, wenn er mitfährt.

SPIELSITUATION

In der Regel ist ein kurzes „Anspielen" der Situation/des Problems völlig ausreichend, was eine **Spieldauer** bei nicht so geübten Rollenspielern von 5–10 Minuten bedeutet. Eine Zeitvorgabe ist nicht hilfreich, es sollte jedoch nur so lange gespielt werden, bis die beschriebenen oder erwarteten Verhaltensweisen deutlich geworden sind. Dann sollte der Spielleiter – der auch ein Schüler oder eine Schülerin sein kann – das Spiel unterbrechen. Selbstverständlich – und das ist wichtig, zu Beginn klarzumachen – kann jeder Spieler das Spiel zu jedem Zeitpunkt unterbrechen bzw. stoppen.

spielen bis Kernproblem sichtbar ist

Spielende

„ENTLASSEN AUS DER ROLLE"

Nach Beendigung des Rollenspiels findet zunächst noch keine unmittelbare Rückmeldung an die Akteure durch die Zuschauer statt. Stattdessen erhalten die Spieler Gelegenheit, sich zu ihrem Erleben und ihrer Befindlichkeit während des Spiels zu äußern. Sie werden damit aus ihrer Rolle „entlassen". Sie äußern sich dazu, wie sie das Problem, ihre eigene und die fremden Rollen und den Prozess als Ganzes erlebten. Dies ist wichtig, da sie sehr häufig einen **Erklärungsbedarf** haben, warum sie so und nicht anders im Spiel reagiert haben und wie es ihnen in einer Rolle ging, die ihrem sonstigen Verhalten möglicherweise sehr fremd ist. Eine weitere Funktion des „Entlassens aus der Rolle" besteht darin, zwischen Spiel und sich daran anschließender Auswertung deutlich unterscheiden zu können. Daher setzen sich die Akteure nach den Äußerungen zu ihrem Erleben und ihrer Befindlichkeit wieder in die Zuschauerrunde.

Akteure äußern sich zum Spiel

RÜCKMELDUNG UND AUSWERTUNG

Erst jetzt erfolgt die eigentliche **Auswertung**. Zuschauer und Mitspieler teilen nun ihre Beobachtungen und **Einschätzungen zum Spiel** bzw. zu dem unterschiedlichen Rollenverhalten mit, z. B.:
Was war erkennbar hinsichtlich Sprache, Körpersprache, Einstellung?
Wie überzeugend vertraten die einzelnen Rolleninhaber ihre Positionen?
Wie gingen die Beteiligten auf Argumente, Hinweise, Fragen, Bitten, usw. ein?
Welche Lösung strebten die einzelnen Mitspieler an?
Wie erfolgreich waren die einzelnen Lösungsstrategien, Vermittlungsversuche?
Wäre ich gern in der Rolle des ... gewesen? Wie hätte ich mich verhalten, gefühlt?

Beobachtungen mitteilen

Rollenspiel im Unterricht

Themen für Rollenspiel lassen sich im Prinzip in jedem Unterrichtsfach finden, auch wenn einzelne Fächer eine größere inhaltliche Nähe dazu haben, als andere. Viel entscheidender ist jedoch, ob Rollenspiel aus Sicht des Lehrenden überhaupt eine Form ernst zu nehmenden schulischen Lernens darstellt.
Themen **aus dem täglichen Schul- und Alltagsleben** können z. B. sein:
Pausenverhalten, Jungen — Mädchen im Unterricht, Gewalt in der Schule, sexuelle „Anmache"/Mobbing, Drogenmissbrauch bis Selbstbehauptungstraining und Bewerbungstraining
Themen **aus dem Fachunterricht** lassen sich besonders leicht in den sozialwissenschaftlichen Fächern und den Sprachen finden, zum Beispiel:
Geschichte (Stände, Inquisition, Konzile, Friedensverhandlungen)
Deutsch (Szenen aus literarischen Vorlagen)
Politik (unterschiedliche Positionen von Parteien, Wirtschaft, Gewerkschaften, Kirche, usw.), Fragen zur Beschäftigungs- oder Asylpolitik, Todesstrafe, Verkehrspolitik (Geschwindigkeitsbegrenzung, Benzinsteuer), usw.
Religion/Ethik (Haltungen der Kirche und unterschiedlicher gesellschaftlicher Kräfte beispielsweise zu § 218)
Bei jeder Form der **Podiums-** oder Pro- und Contra-**Diskussion** handelt es sich im Grunde um Rollenspiel, bei dem verschiedene Positio-

Themenbeispiele

nen (Befürworter – Gegner) als „Rolle" übernommen werden.

In vielen **Unterrichtsfächern** lassen sich Problemsituationen oder unterschiedliche Positionen sehr gut darstellen, indem Schüler die Rolle des Experten übernehmen. Nach einer angemessenen Vorbereitungszeit erhalten Schüler die Aufgabe, als **Experten** eine Seite der Konfliktparteien zu vertreten. (Beispiel: Gesellschaftskunde: Arbeitgeber – Gewerkschaften). Aber auch Sachverhalte oder geschichtliche Epochen (Beispiel: Mittelalter) werden plastischer, wenn z. B. jeweils „Experten" Problem und Lebensbedingungen von Adel, Klerus, Ständen, Zünften, Handwerkern, usw. in mittelalterlichen Städten darstellen und verdeutlichen.

Schüler als Experten

Eine weitere Form des „Rollenspiels", auch **A-, B-, C-Rollenspiel** genannt, das sehr gut selbstständig in Kleingruppen (Dreier-Gruppen) gespielt werden kann, besteht darin, dass die drei Personen in diesem „Spiel" unterschiedliche Aufgaben (Rollen) übernehmen. A und B führen z. B. einen Dialog, während C nicht eingreift, sondern nur den Prozess beobachtet (Verhalten, Argumentation, Überzeugungskraft, usw.). Anschließend werden die Rollen getauscht, bis jeder in jeder Rolle war. Diese Form des Rollenspiels ist auch sehr geeignet zur Schulung gegenseitigen Zuhörens. A vertritt dann z. B. eine politische oder weltanschauliche Position oder eine Theorie aus dem Fachunterricht (z. B. Frustrations-Aggressions-Hypothese). Nach ein paar Sätzen legt er eine Pause ein und B's Aufgabe besteht darin, das Gehörte zu wiederholen. Fühlt sich A verstanden, d. h., wurden seine Argumente von B wiedergegeben, so fährt er mit der Darstellung seiner Position fort und macht nach ein paar Sätzen wieder eine Pause. Fühlt sich A nicht verstanden, so verdeutlicht er seine Position, bis B sie richtig wiedergeben kann. Anschließend erhalten A und B Rückmeldung von C, der ihnen seine Beobachtungen mitteilt. (Wie klar war A? Wann setzte er Pausen an? Wie war das Bemühen von B, As Argumente bzw. Position wiederzugeben?)

Rollenspiel in der Dreiergruppe

Schulung des Zuhörens

Im **Fremdsprachen-Unterricht** besteht der große Vorteil des Einsatzes von Rollenspiel darin, die Sprache wirklich auf Situationen anzuwenden und sie, im Gegensatz zur Anwendung im Unterrichtsgespräch, durch Sprechen in längeren Zusammenhängen einzuüben. Hierzu können Prosatexte oder „Problemsituationen", d. h., in dem jeweiligen Land zu lösende Aufgaben von den Schülern in kleine Dialoge umgeschrieben oder spontan in direkter Rede gestaltet werden.

Kommunikationstraining

Neben solchen im Fremdsprachen-Unterricht nicht gerade häufigen Sprechanlässen, hat Rollenspiel den Vorteil, dass sich auch Vokabeln aufgrund des praktischen Anwendungsbezuges und der ganzheitlichen Wahrnehmung besser einprägen.

Literatur

„Spielzeit" Spielräume in der Schulwirklichkeit. Friedrich Jahresheft 1995.

Einen Vortrag halten

Volker Kullmann

Nach der Erarbeitung des Referats und dem mehrmaligen lauten Lesen sollten Sie in der Lage sein, den Inhalt frei wiederzugeben. Sie sind nun Experte für dieses Sachgebiet, bzw. für diese Frage- oder Problemstellung.

Referat frei vortragen

Häufig will es jedoch nicht gelingen, in der freien Rede genau die sprachlichen Verbindungen und Übergänge wie im **Manuskript** zu treffen, deshalb ist es wichtig, dass Sie sich von diesem freimachen und Ihrer Fähigkeit, den Sachverhalt frei darzustellen, vertrauen.

Das Redemanuskript

Um inhaltlich keinen Gesichtspunkt zu übergehen, sollten Sie sich einen kleinen „Spickzettel" machen, der jedoch keine Sätze, sondern nur einzelne **„Signal"-Wörter** enthält, die für die Informations-Abfolge des Referats wichtig sind, bzw. die (logischen) Übergänge andeuten. Gut zu handhaben ist ein Manuskript mit sehr breitem Rand, in welchem Sie Signal-Wörter und kurze Formulierungen mit Marker gekennzeichnet haben. Wenn Sie nun auf dem Rand (links) Ihre Stichwörter eintragen, so können Sie diesen folgen und falls notwendig, schnell einen Blick auf den Fließtext werfen, um weitere Begriffe oder Formulierungen aufzunehmen.

Anfertigung eines Stichwortzettels

Stichwörter auf dem Rand

Stichwortzettel zum Thema:
Stressbewältigung durch Sport und Bewegung

Definition „Stress"
   Anspannung, Gefühl der Überforderung
   Unterscheidung: Eu-Stress/Dis-Stress
Körperliche Auswirkungen
   Gereiztheit, Ruhe-, Schlaflosigkeit, z. T. Niedergeschlagenheit
   verringertes Leistungsvermögen
   Bluthochdruck, Magen-Darmbeschwerden
   Adrenalin-Ausstoß bei ausbleibender motorischer Abreaktion
   ursprüngliche Körperreaktion: Kampf oder Flucht
Stressoren
   Zeitdruck, Überlastung, Ärger, Lärm
   Frustrationsgefühle, Schlafmangel, Bewegungsmangel, Genussgifte-Abusus
Stressbewältigung durch Bewegung
   Herz-Kreislaufregulation durch aerobes Training, Wandern, Laufen, Schwimmen, Radfahren
   ...

DIE AUFMERKSAMKEIT GEWINNEN UND ERHALTEN

Die Berücksichtigung der folgenden Punkte trägt dazu bei, den **Kontakt mit Ihren Zuhörern** herzustellen und deren Bereitschaft zuzuhören zu unterstützen:
— Den eigenen Bezug deutlich werden lassen: Lassen Sie Ihre Zuhörer erkennen, dass Ihr

Thema Sie selbst interessiert, dass Sie sich mit einer Sache bzw. Fragestellung intensiv auseinander gesetzt haben und dass Sie ihnen den Sachverhalt gern vermitteln möchten. (Das Interesse der Zuhörer wird ein ganz anderes sein, als wenn sie den Eindruck haben, Sie entledigten sich nur der Pflicht, ein Referat zu halten.) Dazu muss Ihnen allerdings Ihr **Bezug zu dem Thema** bzw. der Fragestellung deutlich sein: „Was fand ich neu, spannend, widersprüchlich, schwierig, mitteilenswert, usw."?

das Anliegen deutlich machen

— **Sprechtempo:**
Sprechen Sie langsamer (evtl. auch lauter), als Sie sonst sprechen und legen Sie hin und wieder eine kleine Pause ein. Die Zuhörer müssen sich erst auf Ihre Stimme einhören und sie müssen Ihren Ausführungen folgen können. Bedenken Sie dabei, dass der Sachverhalt Ihnen vertraut ist, für Ihre Zuhörer aber Neues darstellt. Lassen Sie ihnen daher Zeit, und hetzen Sie sie nicht durch Ihren Vortrag.

die Zuhörer erreichen

— **Die vier „Verständlichmacher":**
Einfachheit: einfache Darstellung, kurze, einfache Sätze, gebräuchliche Wörter, Fachbegriffe erläutern, konkret und anschaulich schreiben
Kürze/Prägnanz: knappe Darstellung, aufs Wesentliche konzentriert, verständlich, gut nachvollziehbar, jedes Wort ist wichtig
Ordnung/Gliederung: gegliedert/folgerichtig, übersichtlich, Unterscheidung von Wesentlichem und Unwesentlichem, der „rote Faden" bleibt gut sichtbar, alles kommt schön der Reihe nach

das Verständnis erleichtern

Anregung/Stimulanz: Beispiele, Bilder, Vergleiche, abwechslungsreiche Ausdrucksweise, Zuhörer-Interesse wecken: Zuhörer ansprechen, Bezüge zum Wissen der Zuhörer herstellen, persönliche Beiträge.

— **Medieneinsatz/Visualisierung:**
Die visuelle Darstellung hat deshalb eine so große Bedeutung, weil Informationen zu einem sehr hohen Prozentsatz über das Auge und zu einem wesentlich kleineren Prozentsatz über das Ohr aufgenommen werden. Ganz gleich, ob Sie mit Tafel, Schaubild, Overhead-Projektor oder dergleichen arbeiten, Sie sollten für **„Anschauung"** sorgen und sei es nur, dass Sie das Thema, die Gliederung an die Tafel schreiben, eine Landkarte aufhängen oder eine Folie auflegen.

zusätzliche Hilfen

— **Vortrag für „imaginäre Zuhörer":**
Wählen Sie einen Ort — zu Hause oder im Freien — an dem Sie sich ungestört fühlen und halten Sie Ihr Referat vor einer imaginären Zuhörerschaft. Versuchen Sie eine Situation zu schaffen, die der „Ernst"-Situation möglichst ähnlich ist: Halten Sie das Referat im Stehen oder im Sitzen, je nachdem, wie Sie es später vor Ihren Zuhörern tun werden. Schauen Sie vor Beginn Ihres Vortrags auf die Uhr, überprüfen Sie, ob Sie im zeitlichen Rahmen bleiben. Ideal wäre, Sie könnten Ihren Vortrag auf **Band** aufnehmen.
Halten Sie Ihren Vortrag mehrere Male und spüren Sie, wie Ihre **Versiertheit** zunimmt und Sie sich mehr und mehr von Ihrem Spickzettel lösen können:
Sie sind jetzt wirklich gut vorbereitet!

den „Ernstfall" üben

Trainingseffekt

Feedback geben

Volker Kullmann

In aller Regel besteht nach einem Vortrag durch ein Mitglied einer Gruppe ein Bedürfnis nach **Rückmeldung** für den Betreffenden. Er hat sich in einer bestimmten Weise gezeigt, hat den anderen einen neuen Inhalt oder Sachverhalt vermittelt und möchte im Anschluss daran erfahren, wie der Vortrag, Bericht oder was auch immer von den anderen aufgenommen wurde.

Gleichzeitig gibt es aber die Bedenken, dass der Vortrag doch nicht so gut angekommen sein könnte bzw. die Furcht vor negativer Kritik, sodass das Gefühl auch relativ ambivalent sein kann.

ambivalentes Bedürfnis nach Rückmeldung

Aus diesem wie aus anderen Gründen ist es notwendig, dass die Gruppenmitglieder nach einem Vortrag **einfühlsam** mit dem betreffenden Vortragenden bzw. mit der Situation umgehen. Daher sollten beim Rückmeldung-Geben ein paar Gesichtspunkte berücksichtigt werden:

wichtige „Regeln"

— der/die Referent(in) sollte nach einem Vortrag Gelegenheit erhalten, sich zunächst selbst zu seinem Vortrag zu äußern
— erst dann sollten die Zuhörer Gelegenheit haben, ihre Eindrücke von dem Vortrag darzulegen
— alle Äußerungen sollten sich auf die eigene Wahrnehmung beziehen und Verallgemeinerungen und Bewertungen vermeiden.

Äußerungen des Referenten

Wenn der Referent/die Referentin als Erste(r) die Möglichkeit bekommt, über die eigenen Erfahrungen beim Anfertigen und Vortragen des Referats zu sprechen, so kann er zum einen die Spannung, unter der er stand und immer noch steht, etwas abmildern und zum anderen zum Ausdruck bringen, was ihm selbst auffiel und deutlich wurde, sodass die Gruppenteilnehmer diese von ihm genannten Punkte nicht erwähnen müssen. Er kann sich dazu äußern, wie es ihm mit dem Thema, mit der Bearbeitung des Grundlagenmaterials, mit dem „freien" Vortrag, mit seiner Zuhörerschaft, deren Aufmerksamkeit, usw. ging und kann auf diese Weise seinen Zuhörern etwas von den **Schwierigkeiten** vermitteln, die für ihn mit dem Referat verbunden waren. Auf diese Weise fällt die Einschätzung der Leistung durch die anderen möglicherweise auch etwas milder aus.

nachträgliche Klärung durch den Referenten

Rückmeldung an den Referenten

Die Rückmeldungen sollten in erster Linie als **Lerngelegenheit** für den Referenten verstanden werden. Insofern ist es wichtig, dass der Inhalt der Rückmeldung auch angenommen werden kann. Es sollte gewährleistet sein, dass der Referent nicht mit Beobachtungen überschüttet wird und vor allem sollten Aussagen

dosierte Rückmeldung

vermieden werden, durch die sich der Referent angegriffen oder herabgesetzt fühlt.
Günstig erweist sich folgendes Vorgehen:
— Zunächst sollten nur positive Feedback-Inhalte benannt werden:
Was hat mir gefallen?

Hinweise zur Durchführung

Was fand ich gut in Bezug auf Inhaltsvermittlung, Themeneingrenzung, Präsentation, Visualisierung (Tafelbild), Medieneinsatz, Sprache, Sprechtempo, usw.? Diese Vorgehensweise ist vor allem bei Gruppen angebracht, die eher wenig Feedback-Erfahrungen haben.
— Mit einem Kritikpunkt jeweils auch (mindestens) einen positiven Aspekt des Vortrags zu benennen.
— Wie oben erwähnt, sollten Rückmeldungen aus persönlicher Sicht gegeben werden bzw. von der eigenen Wahrnehmung ausgehen.

Für den Feedback-Nehmer ist es einfacher, Feedback anzunehmen, wenn der Feedback-Geber zunächst **nur von seinen Wahrnehmungen und Einschätzungen ausgeht**

Ich- statt Du-Aussagen!

und Ich-Aussagen statt der gängigeren Du- bzw. Man-Aussagen macht.
Es stellt einen großen Unterschied dar, ob Sie sagen: „Ich konnte dir an manchen Stellen kaum folgen, manches ging mir etwas zu schnell." oder: „Du hast viel zu schnell gesprochen.", bzw. „Vieles konnte man überhaupt nicht verstehen.".
Sagen Sie: „Mir hätte eine klarere Struktur beim Zuhören geholfen." statt: „Das Referat war nicht gut gegliedert".
Diese Form des Feedback hat außer der Rückmeldung an den Referenten noch die Funktion, dass sich der Feedback-Geber erst einmal selbst klar macht, wie es ihm/ihr beim Zuhören gegangen ist:
— Wie ging es mir mit dem Thema?
— Was hat mir gut gefallen/was nicht so gut?
— Was habe ich gut verstanden/was nicht so gut?
— Wo habe ich noch Fragen?
— Wie ging es mir mit dem Vortrag?
— Wie ging es mir mit meiner Aufmerksamkeit? (Inwieweit war sie durch äußere Faktoren beeinflusst, Redegeschwindigkeit, Aussprache, Unruhe, usw.)

Selbsterklärungen durch die Zuhörer

und teilt das dem Referenten/der Referentin mit, ohne damit zu sagen, dass es anders hätte sein müssen.
Der Empfänger des Feedbacks sollte sich die Rückmeldungen zunächst **nur anhören**, ohne sofort darauf zu reagieren, indem er versucht, sich zu verteidigen, etwas klarzustellen, zurechtzurücken oder gar einen „Gegenangriff" zu starten.

Feedback annehmen!

Visualisierung und Posterpräsentation

Karl Peter Ohly

Die Informationssuche und -aufarbeitung ist beendet, ein Projekt ist weitgehend abgeschlossen und es stellt sich jetzt die Frage, wie die Ergebnisse der Arbeit öffentlich dargestellt werden sollen. Die **Posterausstellung** ist dazu ein häufig genutztes Mittel.

Die Gestaltung von Inhalten im Rahmen einer Präsentation hat eine hohe Bedeutung. Einiges von dem hier Aufgeschriebenen gilt nicht nur für Poster, sondern mit Modifikationen auch für das Layout von Texten und informierenden Abbildungen oder für ganze Ausstellungen.

Gestaltung ist wichtig!

Wir haben uns entschieden, die Probleme am Beispiel des Posters anzureißen, weil es sozusagen der **Härtetest für Gestaltung** ist. Bei einem Text hat sich der Leser meist schon für das Thema interessiert und beim Vortrag ist der Zuhörer in gewisser Weise dem Vortragenden ausgeliefert. Das Poster ist dagegen die knappste Form einer Ausstellung, die zudem mit anderen Postern um Zeit und Aufmerksamkeit der Betrachter konkurrieren muss. An das Poster werden damit die schärfsten Anforderungen gestellt, was die rasche und verlässliche Übermittlung von Inhalten angeht, verbunden mit dem Zwang, die Aufmerksamkeit des Betrachters zu erwecken und zu fesseln.

Poster konkurrieren um Aufmerksamkeit

Aus dieser Aufgabe ergeben sich inhaltliche und formale Anforderung für die Vorbereitung und die Gestaltung des Posters.

knappe Form der Information

Inhaltliche und formale Anforderung

INHALTLICHE VORBEREITUNG

Der bei einem Poster zur Verfügung stehende **Platz ist beschränkt**, darüber hinaus wird der Betrachter sich nur wenig Zeit nehmen, um zu entscheiden, ob er ein Poster betrachtet oder nicht. Um die Wahrnehmung der Inhalte möglichst leicht zu machen, werden die mitzuteilenden Inhalte nach Wichtigkeit und Zusammenhang strukturiert, indem entschieden wird, was die Haupt- und was Nebenaussagen des Posters sind. Erfahrungsgemäß lassen sich nur eine Haupt- und vier bis sechs Unteraussagen auf einem Poster unterbringen. Ferner entscheidet man sich für eine **Argumentation**, nach der die Inhalte angeordnet werden. Danach wählt man die Befunde und Daten aus, auf die sich die Aussagen gründen und die diese am eindrucksvollsten **illustrieren**. Dabei sollten Formulierungen gefunden werden, die die beabsichtigten Aussagen möglichst einfach und verständlich und dennoch genau fassen. Für die Daten wählt man eine möglichst einleuchtende Form der Darstellung (Foto, Zeichnung, oder Schaubild).

Inhalte nach Wichtigkeit strukturieren

Daten einfach und verständlich darstellen

GESTALTUNG DES POSTERS

Geht man von einer mittleren **Augenhöhe** von 1,50 m aus, so steht ein Bereich zwischen ca. 90 und 200 cm über dem Boden für die Gestaltung zur Verfügung. Die wichtigsten Texte, Titel und Abschnittsüberschriften sollten so gestaltet sein, dass sie aus ca. 5 m Entfernung gut gelesen werden können. Auch für die übrigen Texte empfehlen sich eine **große Schrift** und kurze Sätze, die möglichst eine Zeile nicht überschreiten sollten. Eine Gliederung in **kurze Abschnitte**, ggf. mit Zwischenüberschriften kann die Lesbarkeit weiter erhöhen.

Abbildungen, d. h. Fotografien, Schemazeichnungen oder Schaubilder, tragen wesentlich zur Attraktivität eines Posters bei. Nach dem Grundsatz „Ein Bild sagt mehr als tausend Worte." sind Abbildungen zudem ein Mittel, um auf engem Raum viel Information unterzubringen. Doch auch hier ist es nötig darauf zu achten, dass die Abbildungen hinreichend groß und nicht zu kompliziert sind. Wenn man den Titel durch eine Abbildung veranschaulichen kann, ist das sicher von Vorteil. Wie bei den Textabschnitten sollte die Zahl der Abbildungen schon aus Gründen der Größe auf ca. vier beschränkt bleiben. Im Zeitalter des Computers versteht es sich fast von selbst, dass der Eindruck der Präsentation sehr gewinnt, wenn Texte und Schaubilder auf dem Computer erstellt und mit einem guten Drucker ausgedruckt werden.

Die Lesbarkeit des Posters kann erheblich dadurch gewinnen, dass durch eine Nummerierung der Abschnitte und durch Pfeile der Blick des Betrachters gelenkt wird.

Auf Lesbarkeit achten!

große Abbildungen

Literatur

Fleischer, G.: Dia-Vorträge — Planung, Gestaltung, Durchführung. Stuttgart 1989[2], S. 169—178.
Hierhold, E.: Sicher päsentieren, wirksamer vortragen. Bewährte Tips und Strategien zur Überzeugung von Gruppen. Wien 1990. oder in: Briscoe, M. H.: Preparing scientific illustrations. New York 1995[2].

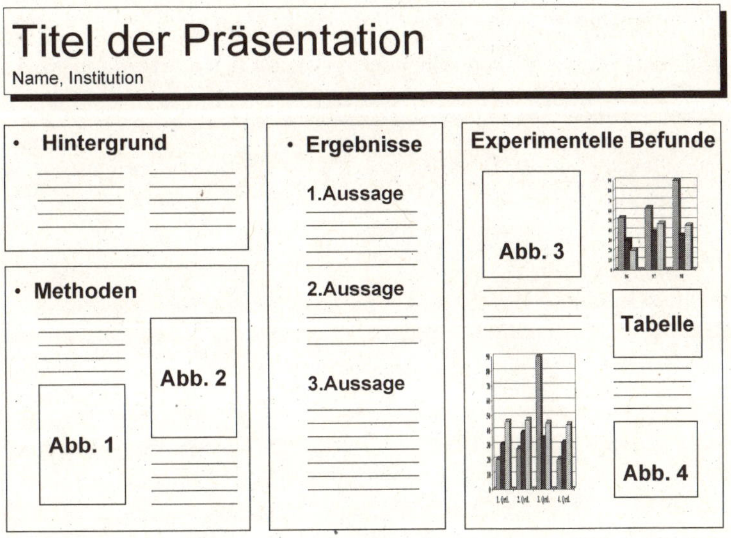

Die „persönliche" Seite des Lernens

... beschäftigt sich mit individuellen Aspekten und Problemen des Aneignungsprozesses: Hier werden — zur Verbesserung der Lesetechnik — spezielle Vorschläge zur **Konzentration beim Lesen** und als Lernvoraussetzung verschiedene Konzentrations- bzw. **Entspannungsübungen** vorgestellt. Wie man durch Formen des selbstständigen Lernens im Unterricht diesen für sich selbst interessanter gestalten kann, erläutert das Kapitel **Selbstständigkeit im Unterricht**, während das **Lerntagebuch** stärker zur Reflexion über das eigene Lernen anregen will. Schließlich gibt es noch Tipps, wie man **Nervosität und Lampenfieber** bei seinem Vortrag bändigen kann.

Konzentration beim Lesen

Ida Hackenbroch-Krafft

Fragt man nach Problemen beim Lesen, so wird dieses am häufigsten genannt: Ich kann mich nicht konzentrieren. Je abstrakter und länger der Text, umso schwerer ist es, die Gedanken am Abschweifen zu hindern. Ursache kann sein, dass wir müde sind oder dass unsere Gedanken stark mit etwas anderem beschäftigt sind. Die hauptsächliche Ursache ist jedoch, dass wir a) **uns nicht wirklich dem Text zuwenden**, und b) dass wir uns **zu passiv, zu rezeptiv** verhalten. Beim Zuhören ist das nicht anders: Im Gespräch mit Bekannten, wo wir nachfragen, antworten, reagieren, ist es leichter aufmerksam zu sein, als wenn wir stumme Zuhörer eines Vortrags sind. Die Konzentration beim Lesen fördern heißt immer auch die **Lesetechnik verbessern**. Sich zu konzentrieren erfordert einen Willensakt und eine Anstrengung. Die Belohnung: Man versteht besser, was man liest, und man behält es besser.

Gründe für mangelde Konzentration

Gute Voraussetzungen schaffen: Was will ich wissen?

Vielleicht haben Sie schon einmal bemerkt, dass es Ihnen leichter fällt, sich beim Lesen zu konzentrieren, wenn Sie in Ihrem Text **etwas Bestimmtes suchen**, bestimmte Daten, Beispiele, Namen oder was auch immer. Machen Sie sich diese Erfahrung zunutze, suchen Sie etwas beim Lesen. Sie können folgendermaßen vorgehen.

Nehmen Sie sich Zeit, bevor Sie mit dem eigentlichen Lesen beginnen. Werfen Sie einen Blick auf Autor/in und Überschrift des Textes und überlegen Sie:

— Worum wird es gehen?
— In welchem Zusammenhang will oder soll ich den Text lesen?
— Was weiß ich schon über das Thema?
— Was will ich mehr wissen? Was erwarte ich von diesem Text?
— Um diese letzte und wichtigste Frage präzisieren zu können, ist es gut, sich einen Überblick zu verschaffen, also nach Zwischenüberschriften, Abbildungen, Grafiken Ausschau zu halten und die Einleitung zu lesen. Den Text ein Stück weit anzulesen, hat auch den Vorteil, dass Sie einen Eindruck von Stil und Schwierigkeitsgrad erhalten.

Jetzt wissen Sie ungefähr, was Sie erwartet, und können überlegen, was genau Sie aus diesem Text erfahren wollen. Damit haben Sie Ihr persönliches Leseziel, das Ihnen hilft, die Konzentration aufrechtzuerhalten. Gut ist, wenn Sie sich Ihr Leseziel immer wieder in Erinnerung rufen, indem sie Fragen an den Text stellen, die durch die Lektüre beantwortet werden. Sie er-

Leseerwartung und Vorwissen

Überblick verschaffen

Leseziel präzisieren

reichen so, dass Sie a) einen Bezug zum Text herstellen und b) aktiv lesen.

Ausgangspunkt für konzentriertes Lesen: der erste Abschnitt

Der Beginn der Lektüre entscheidet über den weiteren Verlauf. Und dabei passiert es gerade am Anfang leicht, dass die Gedanken hierhin und dorthin springen. Mit der vagen Hoffnung, dass man schon noch verstehen wird, worum es geht, liest man trotzdem weiter. Das ist ein schlechter Start, denn man verpasst die **Hilfe**, die einem der Autor/die Autorin **in der Einleitung** anbietet, die Hinführung zum Thema. Darum — nach der Lesevorbreitung — bedingt den ersten Abschnitt sehr konzentriert lesen bzw., wenn man nach den ersten zehn Zeilen merkt, dass die Gedanken noch nicht „bei der Sache" waren, sofort noch einmal anfangen.

Konzentrationshilfe 1: Schnell lesen

Lesen Sie — nach der ruhigen Lesevorbereitung und der langsamen Lektüre des ersten Abschnitts — schnell, so schnell Sie können. Dadurch zwingen Sie Ihre Gedanken, bei der Sache zu bleiben.
Aber: Gerade beim schnellen Lesen ist das **Innehalten** nach jedem größeren Absatz wichtig: Was war hier neu? Worauf kam es an? Was will ich behalten? Unterstreichen oder markieren Sie jetzt wichtige Begriffe, Thesen, Definitionen.

Konzentrationshilfe 2: Mit Bleistift lesen

Das einfachste Mittel, die Konzentration beim Lesen zu unterstützen — noch dazu mit nützlichem Nebeneffekt — ist das Lesen mit dem Bleistift oder Marker in der Hand und dem Vorsatz, wichtige **Schlüsselwörter** sparsam (!) zu unterstreichen. Entscheidend ist, dass man sich vornimmt, wirklich nur ganz wenig zu markieren, da das großzügige Anstreichen von ganzen Sätzen und Passagen noch mechanisch erfolgen kann — womit der Gewinn für die Konzentration wegfiele. Dagegen muss man sich auf die wenigen Begriffe, die man als unterstreichenswert auswählt, konzentrieren. Man merkt sofort, wenn die Gedanken abschweifen. Noch größer wird der Gewinn für die Konzentration, wenn man sich entschließt, gelegentlich ein **Zeichen oder ein Stichwort** am Rand zu notieren, sei es textbezogen wie z. B. Definition, Beispiel oder Gegenthese, sei es als persönliche Stellungnahme wie „Wichtig!" oder „Nein!" oder „???".
Leider ist Mit-dem-Bleistift-Lesen nur bei eigenen Büchern oder Fotokopie möglich. Wenn einem der Text wichtig genug ist, kann man — ersatzweise — exzerpieren, d. h. wesentliche Aussagen wörtlich (als Zitat) oder in eigenen Worten **herausschreiben**. Das erfordert zwar Zeit, lohnt sich aber bei wichtigen Texten.

Sparsam markieren!

Randnotizen

exzerpieren

Konzentriertes Überfliegen

Oft muss man erst herausfinden, ob die Lektüre lohnt, manchmal hat man keine Zeit, intensiv zu lesen. Dem Ziel möglichst **rascher Orientierung** entspricht die Lesetechnik des Überfliegens, auch Diagonal- oder Querlesen oder orientierendes Lesen genannt.

Orientierendes Lesen erfordert den konzentrierten Wechsel des Lesetempos. Man muss sich ganz bewusst darauf einstellen, abwechselnd zu überfliegen und anzuhalten. Lohnende **Haltepunkte** sind neben Zwischenüberschriften die **ersten und letzten Sätze** größerer Abschnitte, da sie in der Regel besonders informativ sind: Während der erste Satz das Thema nennt, fasst der letzte Satz zusammen, worum es ging.

Dieser Wechsel des Lesetempos und der Aufmerksamkeit erfordert große Konzentration und fördert sie zugleich.

Lesetempo wechseln

Konzentrationsübungen

Wenn Sie ganz allgemein Ihre Konzentration verbessern wollen, können Sie praktische Übungen ausprobieren, wie Sie in Ratgebern und Trainingsbüchern zu finden sind. Damit werden Sie sicher auch Ihre Konzentration beim Lesen steigern, aber erwarten Sie keine Wunder. Umgekehrt verbessern Sie Ihre allgemeine Konzentrationsfähigkeit auch, indem Sie das zügige und genaue, eben konzentrierte Lesen üben.

Pausen und Rhythmisierung

Lesen von Fachtexten ist eine Anstrengung. Nach einiger Zeit lässt die Konzentration nach, Pausen sind daher wichtig. Versuchen Sie aber, Abschnitte oder Kapitel zu Ende zu lesen, damit Sie nach der Unterbrechung nicht zu viel Zeit brauchen, um den Anschluss wieder zu finden. Manchmal hilft es, den Kopf eine Zeit lang durch eine eher mechanische Tätigkeit zu entlasten, ohne ganz aus dem Arbeitszusammenhang auszusteigen, also Dinge zu tun wie Blätter lochen, Karteikarten sortieren, Bleistiftspitzen, Quellenangaben notieren. Auch die Augen müssen zwischendurch ausruhen — gut tut ihnen eine Augengymnastik, aber auch Augenschließen oder Ins-Grüne-Schauen. Allerdings muss auch schon nach einer kleinen Pause die Konzentration neu erworben werden.

Hier war von Konzentrationsproblemen die Rede, die die meisten Menschen kennen und gegen die man mit **Selbstdisziplin** und guter Lesetechnik selber angehen kann. Echte Konzentrationsstörungen sind etwas anderes. Wer darunter leidet, sollte psychologische Beratung in Anspruch nehmen.

Pausen nach Maß ...

... und als Abwechslung

Literatur

Übungen zu den verschiedenen Lesetechniken und -strategien finden Sie in Hackenbroch-Krafft, I./Parey, E.: Training Umgang mit Texten. Fachtexte erschließen, verstehen, auswerten. Stuttgart 1998^2. Konzentrationsübungen z. B. in Dittrich, H.: Besser lesen, verstehen, behalten. München: 1994^2 oder Ott, E.: Das Konzentrationsprogramm. Reinbek 1997.

Entspannungsübungen

Volker Kullmann

Wenn Sie sich bei Beginn oder während einer geistigen Tätigkeit abgespannt und unkonzentriert fühlen, sollten Sie sich nicht zwingen, anzufangen bzw. weiterzuarbeiten, sondern stattdessen eine kleine Pause einlegen, um dann mit neuer Kraft weiterarbeiten zu können. Oft genügt schon, wenn Sie sich ein wenig **Bewegung** verschaffen, indem Sie sich z. B. von Ihrem Sitz erheben, das Fenster öffnen, ein paar tiefe Atemzüge tun oder sich im Stehen strecken, dehnen, räkeln, was die Atmung anregt und die Sauerstoffzufuhr zum Gehirn verbessert. Günstiger natürlich ist ein kleiner Spaziergang in der frischen Luft.

Aber auch im Sitzen lassen sich kleine Pausen sinnvoll gestalten, die Ihre Konzentrationsfähigkeit verbessern. Hierzu ein paar Anregungen:

Kreislauf anregen

Kurz-Entspannung

Setzen Sie sich möglichst bequem, aber aufrecht auf Ihren Stuhl. Nehmen Sie einen Schlüsselbund oder einen anderen nicht zu leichten Gegenstand, der das Auf-den-Boden-fallen verträgt, in die Hand und lassen Sie Ihre Arme auf der Armlehne oder auf den Oberschenkeln ruhen. Achten sie darauf, dass Ihre Füße mit der ganzen Sohle den Boden berühren. Schließen Sie die Augen und machen Sie drei tiefe Atemzüge. Versuchen Sie so vollkommen zu **entspannen** und arbeiten Sie mit der Vorstellung, dass Ihr Körper immer schwerer wird und dass Sie aber das Gewicht an den Stuhl und an den Fußboden abgeben. Wenn Ihnen nach ein paar Minuten der Schlüsselbund aus der Hand fällt, ohne dass Sie ihn willentlich losgelassen haben, so ist Ihnen die Entspannung gelungen.

Gewicht an den Stuhl abgeben

Augen- und Nackenentspannung

Kopfschmerzen und Ermüdungsgefühle haben sehr häufig ihre Ursache in einer durch Überlastung hervorgerufenen **Ermüdung der Augen**. Ursache der Überlastung können einerseits ungünstige Lichtverhältnisse und angestrengtes Sehen, andererseits Muskelverspannungen im Nackenbereich sein. Mit den folgenden zwei einfachen Übungen können Sie diesen Beeinträchtigungen günstig entgegenwirken.

Kopfschmerzen durch Verspann

AUGEN ABSCHIRMEN

Diese Übung lässt sich sehr gut im Sitzen (z. B. am Schreibtisch) durchführen. Legen Sie die leicht gewölbten Handflächen so auf Ihre geschlossenen Augen, dass kein Licht einfallen kann, sie die Augen aber nicht berühren. Entspannender als die Hände auf die Augen zu legen ist es, die Ellbogen auf die Tischfläche auf-

Augen entspann

zustützen und den Kopf bzw. die Augenpartie in die nach oben zeigenden Handflächen zu legen. Daurch werden die Augen von jeglicher Arbeit entlastet und können sich entspannen. Behalten Sie diese Haltung so lange bei, wie Sie wollen, mindestens jedoch drei bis fünf Minuten. Richten Sie Ihre Aufmerksamkeit ausschließlich auf Ihre Augenpartie, nehmen Sie wahr, wie sich Ihre Augäpfel anfühlen und die Augenumgebung. Versuchen Sie, alle Spannung aus Ihren Augen in die Handflächen abfließen zu lassen. Sie können die Entspannung noch verstärken, indem Sie sich vorstellen, dass Sie mit jedem Atemzug beim Einatmen Energie und Frische in Ihre Augen lenken und aufnehmen und beim Ausatmen Spannung aus Ihren Augen in die Handflächen abgeben.

Energie und [Fris]che aufnehmen

KURZE SCHWÜNGE

Die **Schwingübungen** sind sehr gut geeignet, die Augenmuskulatur zu lockern und die Augen zu entspannen. Auch diese Übung können Sie gut im Sitzen machen. Sitzen Sie aufrecht und halten Sie den Kopf gerade. Schließen Sie die Augen. Bewegen Sie Ihren Kopf locker und ohne Anstrengung von einer Seite zur anderen, finden Sie dabei das Ihnen angenehme Tempo und lassen Sie Ihren Kopf sich wie selbsttätig bewegen. Richten Sie Ihre Aufmerksamkeit auf Ihre Augen und Ihren Nacken und nehmen Sie die Bewegung Ihrer Nackenmuskulatur und Ihrer Augen wahr.

Wenn Sie wollen, stellen Sie sich vor, an Ihrer Nasenspitze sei ein langer, federleichter Pinsel befestigt, mit dem Sie eine vor Ihrem Kopf be-

Lockerung der [A]ugenmuskulatur

findliche Fläche durch seitliche Malbewegungen mit Farbe bemalten. Wählen Sie dazu eine beliebige Farbe. Lassen Sie Ihren Kopf locker und mühelos von einer Seite zur anderen schwingen. Achten Sie auf Ihren Atem und bringen Sie Atemrhythmus und Malschwünge in Einklang.

Schwingen im Atem-Rhythmus

Autogenes Training

Diese Entspannungs-Methode erfordert in der Regel ein intensiveres Training über mindestens einige Wochen. Am leichtesten lernen Sie autogenes Training in einem Kurs. Einigen Menschen fällt es aber nicht schwer, sich die Methode autodidaktisch anzueignen. Das autogene Training basiert auf **Autosuggestion** und besteht aus sieben verschiedenen Übungen, die nacheinander absolviert werden und die nach einiger Übung zu einer deutlich spürbaren Entspannung führen. Bei den sieben Schritten bzw. Teilübungen handelt es sich um die Ruhe-, Schwere-, Wärme-, Herz-, Atem-, Sonnengeflecht- und Stirn-Übung, wobei die Formel: Ich bin ganz ruhig, jeweils zwischen die anderen **Suggestionen** eingeschoben wird. Die Formeln lauten dabei folgendermaßen:

„Ich bin ganz ruhig." (1x)
„Mein rechter Arm ist ganz schwer." (6x)
„Ich bin ganz ruhig." (1x)
„Mein rechter Arm ist ganz warm." (6x)
„Ich bin ganz ruhig." (1x)
„Mein Herz schlägt ruhig und regelmäßig." (6x)
„Ich bin ganz ruhig." (1x)
„Meine Atmung ist ruhig und regelmäßig." (6x)

sieben Schritte

„Ich bin ganz ruhig." (1 x)

„(Mein) Sonnengeflecht (ist) strömend warm." (6 x)

„Ich bin ganz ruhig." (1 x)

„(Meine) Stirn (ist) angenehm kühl." (6 x)

sich selbst suggerieren

Wenn Sie die verschiedenen Teilübungen beherrschen, wählen Sie eine kurze, prägnante Formulierung **(Vorsatz)**, die positiv formuliert sein muss und keine Verneinung enthalten darf und sprechen Sie diesen Vorsatz mehrmals hintereinander laut oder nur innerlich. Zum Beispiel: „Lernen gelingt gut." Oder: „Gedanken strömen leicht und frei."

Progressive Muskelentspannung

Spannung und Entspannung

Diese Entspannungsmethode nach Edmund Jacobsen beruht auf dem Erleben des Gegensatzes von Spannung und Entspannung. Hinter dieser Methode steht die Erkenntnis, dass bestimmte Verhaltensweisen sehr viel leichter entwickelt werden können, wenn vorher extreme Gegenpositionen eingenommen und erfahren werden.

mit einzelnen Körperregionen beginnen

Die Bezeichnung progressive Muskelentspannung will verdeutlichen, dass es darum geht, nicht sofort den ganzen Körper zu entspannen, sondern von einzelnen, begrenzten — und damit besser wahrnehmbaren — Körperpartien auszugehen, in ihnen ein Entspannungsgefühl aufzubauen und es sich dann über den ganzen Körper ausbreiten zu lassen.

Die Methode lässt sich sehr gut **im Alltag** anwenden, weil keine besonderen Vorkehrungen dafür notwendig sind. Sie kann sehr gut im Sitzen praktiziert werden und verlangt allenfalls ein paar Minuten zu ihrer Durchführung.

nur kurze Übungszeit

Nach einem gewissen Training tritt Entspannung ähnlich wie beim autogenen Training sehr schnell, gleichsam wie durch einen Umschaltprozess oder eine **innere Programmierung** ein.

S = Spannung, E = Entspannung

ENTSPANNUNG DER ARME

E Sitzen Sie aufrecht und versuchen Sie das Gewicht Ihres Körpers an die Unterlage, d. h. den Stuhl abzugeben. Entspannen Sie so gut es Ihnen möglich ist. Atmen Sie ruhig und tief (aber ohne Anstrengung) ein und wieder aus.

S Ballen Sie die rechte Faust, erhöhen Sie die Spannung mehr und mehr und spüren Sie die Spannung in der Faust, in der Hand, im Unterarm.

E Und lassen Sie los. Lassen Sie die Finger locker werden, die Hand, den Unterarm und nehmen Sie die Entspannung wahr. Lassen Sie sich Zeit bei der Wahrnehmung dieses Gefühls. Machen Sie das Gleiche mit der linken Hand.

ENTSPANNUNG VON GESICHT, NACKEN UND SCHULTERN

E Sitzen Sie aufrecht, aber bequem. Versuchen Sie alle Spannung loszulassen.

S Runzeln Sie die Stirn und kneifen Sie die Augen zusammen. Halten Sie die Spannung bis sie unangenehm wird und spüren Sie den Druck auf Ihren Augen bzw. in Ihrem Gesicht.

E Entspannen Sie die Augenpartie. Halten Sie die Augen geschlossen und spüren Sie das Nachlassen der Spannung.

S Beißen Sie die Zähne aufeinander, pressen Sie die Lippen fest zusammen und spannen Sie die Kiefer- und Gesichtsmuskulatur an und halten Sie die Spannung.

E Entspannen Sie die Gesichtsmuskeln und genießen Sie das sich ausbreitende Gefühl der Entspannung in Ihrem Gesicht.

S Ziehen Sie die Schultern hoch, spannen Sie dabei Ihre Halsmuskeln an und halten Sie den Atem an. Spüren Sie die Spannung in Hals, Schultern und oberem Rücken.

E Lassen Sie die Schultern wieder fallen und sich entspannen. Entspannen Sie die Augenpartie, Hals und Nacken und die gesamte Gesichtspartie und lassen Sie die Entspannung sich bis tief in die Schultern ausbreiten.

Entspannung von Brust, Bauch und unterem Rücken

E Sitzen Sie aufrecht und versuchen Sie das Gewicht Ihres Körpers an die Unterlage, d. h. den Stuhl abzugeben. Entspannen Sie die Muskeln Ihres Körpers, so gut es Ihnen möglich ist. Beobachten Sie das angenehme Gefühl der Schwere, das mit der Entspannung einhergeht. Atmen Sie leicht und frei ein und aus. Versuchen Sie sich vorzustellen, dass Sie mit jedem Ausatmen ein klein wenig an Spannung ausatmen.

S Spannen Sie Ihre Bauchmuskeln an, indem Sie mit aller Kraft den Bauch einziehen. Halten Sie den Atem an. Machen Sie Ihre Bauchmuskeln ganz hart und nehmen Sie die Spannung wahr.

E Entspannen Sie die Bauchmuskeln, lassen Sie Ihren Atem locker und frei fließen und spüren Sie die sich in Ihrem Körper ausbreitende Entspannung.

Arbeiten Sie mit der Vorstellung, dass Sie Ihr Körpergewicht an den Stuhl abgeben bzw. immer tiefer in den Stuhl einsinken und dass Sie Spannung ausatmen.

Entspannung der Beine

E Sitzen Sie so locker und entspannt wie möglich. Atmen Sie ruhig und leicht.

S Drücken Sie die Fersen mit aller Kraft auf den Boden. Ziehen Sie die Zehenspitzen in Richtung Schienbein. Spannen Sie dabei Ihre Oberschenkel- und Gesäßmuskulatur an, sodass sich Ihre Sitzposition dabei ein wenig nach oben verändert, so als höben Sie sich von Ihrem Stuhl ab.

E Entspannen Sie Ihre Beinmuskulatur. Lassen Sie Ihre Füße flach und locker auf dem Boden ruhen. Lassen Sie das Gewicht Ihres Körpers nach unten sinken, geben Sie das Gewicht Ihres Rumpfes an den Stuhl und das Gewicht Ihrer Beine an den Untergrund ab. Atmen Sie ruhig und ohne Anstrengung und lassen Sie das Gefühl der Entspannung sich über Ihren ganzen Körper ausbreiten.

Literatur

Scholl, L.: Das Augenübungsbuch. Berlin 1981.
Wolpe, J./Lazarus, A. A.: Behaviour Therapy Techniques. Oxford 1966.

Selbstständigkeit im Unterricht

Ludwig Huber

Wer in der Ratgeberliteratur zum Thema „Selbstständig lernen und arbeiten" blättert, muss den Eindruck gewinnen, dass das selbstständige Lernen für SchülerInnen im Wesentlichen an anderen Orten als in der Schule stattfindet. Wird die Selbstständigkeit vor Eintritt in den Unterricht im Garderobenschrank abgelegt? Fakt ist, dass das was im Unterricht passiert, die Lehrerin oder der Lehrer entscheidet: Sie setzen – unter Berücksichtigung der Lehrpläne oder der Leistungsmöglichkeiten der Klasse die Ziele, wählen die Inhalte, suchen Arbeitsmaterialien aus, bestimmen die Arbeitsformen, regeln das Einbringen von Schülerbeiträgen und stellen Aufgaben oder Tests. Den SchülerInnen fällt dabei eine passive, angepasste Rolle zu.

kein Thema im Unterricht

Selbstständigkeit praktizieren

Man lernt nur das, was man auch lernen will! Insofern nützt Ihnen auch der schönste Unterricht nichts, wenn Ihnen der Lernwille bzw. die **Lernbereitschaft** fehlt. Zu einer Entscheidung kommen Sie jedoch meist nicht bewusst oder gut überlegt, sondern oft nach augenblicklicher (Un-)Lust und Laune. Es wäre also schon viel gewonnen, wenn Sie diese Entscheidung überlegt und mit Blick auf Gründe und Folgen tätigen würden.

Selbstständige Lerner wissen, was sie erreichen und gewinnen wollen. Um eine solche Selbstständigkeit zu erlangen, gibt es verschiedene Möglichkeiten:

UNTERRICHT FÜR SICH SELBST NUTZEN
Zunächst sollten Sie versuchen, aus dem Unterricht Profit zu ziehen – unabhängig von seiner Qualität.
Dies können Sie erreichen, indem Sie
— **Mitschreiben** oder sich Notizen machen, um auf diese Weise mitdenken zu können, im Unterricht bearbeitete Texte markieren und mit eigenen Anmerkungen versehen,
— sich an Unterrichtsgesprächen und Diskussionen **beteiligen** (das zu Lernende lässt sich im eigenen Redeversuch besser aneignen),
— **eigene Fragen** stellen, gleich ob es um Verständnisprobleme oder um andere Standpunkte geht.
Da höre ich schon die ersten Einwände:

Möglichkeiten

EINWAND 1
Fragen und Gegenargumente fallen mir doch nicht gleich ein oder nicht so, dass ich sie verständlich formulieren könnte. Ich traue mich nicht vor einer großen Gruppe zu sprechen. Dann könnte helfen: Entweder eine „Auszeit" (fürs Untereinander-darüber-Reden) beantragen oder nach einer Bedenkzeit in der nächsten Stunde darauf zurückkommen. Und allmählich übt es sich.

Eigenes Fragen fällt schwer!

EINWAND 2

Das kennen wir doch! Das Ganze klingt allzu sehr wie: Sei eine gute Schülerin, wie's der Lehrer gern hat. Und die anderen halten mich dann für einen Streber. Kann sein. Dazu eine Gegenfrage: Wollen Sie für sich etwas lernen oder nur ein falsches Image bei den anderen vermeiden?

Auf Planung und Verlauf einwirken

UNTERRICHTSKRITIK

„Kritik" kommt von dem griechischen Wort für „Unterscheiden". Unterscheiden lassen sich immer nur mindestens zwei Dinge voneinander. Bezogen auf die Unterrichtskritik bedeutet dies, beide Seiten (gute und schlechte) aufzuzeigen. Kein/e LehrerIn kann seinen/ihren Unterricht verbessern, wenn er/sie nicht Rückmeldung von seinen/ihren SchülerInnen bekommt.

Bei einer „Manöverkritik" äußert sich jede/r SchülerIn zum Unterricht. Bei gutem Klima und allseitigem Interesse in der Klasse kann das gelingen. Trotzdem muss jeder darauf achten, sachlich und konkret zu bleiben.

Damit die Diskussion nicht von einigen wenigen SchülerInnen getragen wird, während sich der Rest der Klasse in Schweigen hüllt, können „Spielregeln" entwickelt werden: Zum Beispiel alle sagen reihum ihre persönliche Einschätzung des jeweiligen Unterrichts (so genanntes Blitzlicht). Hemmnisse wie die Scheu, sich überhaupt öffentlich zu äußern, oder die Tendenz, sich der herrschenden Meinung anzuschließen, werden damit gemildert. Noch geringer wirken sie sich bei einer schriftlichen, anonymen Einschätzung des Unterrichts aus.

Nun stehen nur noch die Fragen „Was soll ich schreiben?" und „Wie soll ich's ausdrücken?" im Raum. Dafür können SchülerInnen Stichworte sammeln (Ideensammlung, Brainstorming), sie an Tafel oder Pinnwand anbringen und sie dabei ordnen und gruppieren, sodass verschiedene Rubriken und Themenblöcke entstehen, die anschließend diskutiert werden.

Eine andere Methode Themen der Kritik zu finden, ist der „Schnippelbogen": Die Gruppe (einschließlich der LehrerIn, die vielleicht auch ihre eigenen Interessen hat) entscheidet, welches für ihre Unterrichtskritik die vier bis sieben wichtigsten Fragen sind und formuliert mögliche Antworten dazu als Thesen. Jeder bekommt oder schreibt einen Zettel mit diesen Thesen und kreuzt an, wie sehr er ihnen jeweils zustimmt oder sie ablehnt und gibt zwei bis drei Zeilen Kommentar dazu ab. Diese Bögen werden eingesammelt, zwischen den Antworten zerschnitten und von verschiedenen Kleingruppen ausgewertet.

Es gibt selbstverständlich noch weitere Verfahren: SchülerInnen entwickeln Fragebögen, führen und werten Kursbegleitbögen oder Lerntagebücher aus oder verfassen Unterrichtsrezensionen (in Aufsatzform).

EINWAND 3

Das beansprucht (zu viel) kostbare Unterrichtszeit. Antwort: Das ist so, aber in der

Zu viel Zeitaufwand? Schule geht es doch vor allem um das Lernen des Lernens: Dafür lernt man durch Unterrichtskritik sehr viel. Und wenn dann der Unterricht besser wird?

EINWAND 4

Schüler nicht fähig genug? Dazu sind SchülerInnen nicht in der Lage. Sie wissen noch zu wenig, um inhaltliche Kritik am Unterricht üben zu können. Antwort: Sie können aber wenigstens sagen, wie die Inhalte auf sie wirken. Im Übrigen kann man mit den Methoden anfangen: dass sie und was sie daran gern anders hätten, lernen SchülerInnen schnell zu beurteilen.

EINWAND 5

Lehrer nicht bereit? Dazu braucht man die Bereitschaft der Lehrerinnen oder Lehrer! Es gibt aber so manche, die keine Kritik akzeptieren. Antwort: Das kann natürlich sein, da es überall menschelt — professionell wäre es aber nicht. Es käme auf einen Versuch an: Viele Lehrende wären froh, da sie einmal klarer erkennen könnten, woran sie sind. Gerade bei einer öffentlichen, allgemeinen und formalisierten Kritik ist es einem Lehrer auch nicht leicht möglich, sich zu rächen ...

EINWAND 6

Lehrer nicht änderungsfähig? Der Lehrer wird seinen Unterricht oder sich selbst nicht ändern oder nicht so, wie wir vorschlagen. Antwort: Das ist in der Tat ein Problem aller Unterrichtskritik. Ein Lehrender will, mancher kann vielleicht auch nicht (mehr) anders. (Vielleicht erinnern sich SchülerInnen an den eigenen Umgang mit ihnen zugemuteten Korrekturen und Änderungen?) Aber der Versuch lohnt: Auch Teilerfolge zählen.

Einforderung von Verarbeitungsphasen

Es geht im Unterricht immer alles zu schnell! Bevor ich selbstständig denken, urteilen, mich äußern oder mitreden kann, ist der/die LehrerIn oder die Klasse schon wieder weiter.
Da hilft nur eines: Eine Verarbeitungsphase einfordern:

— ein paar Minuten für **„Stillarbeit"**: Jeder arbeitet still (es muss wirklich Ruhe herrschen!) für sich, geht seine Notizen durch, überdenkt das Gehörte, formuliert Fragen oder Beiträge für eine Diskussion ...

— ein paar Minuten für **„Murmelgruppen"**: Dasselbe, nur jetzt in (leisem) Gespräch zwischen drei bis fünf Leuten, die gerade nebeneinander sitzen oder ihre Stühle zueinander drehen. Dies empfiehlt sich besonders nach längeren Referaten, Filmen usw., die nun plötzlich diskutiert werden sollen

— eine längere Phase (z. B. 20 Minuten) für **„Gruppenarbeit"**, wenn gründlichere Arbeit nötig ist, oder für „Plenardiskussion", wenn es scheint, dass kontroverse Fragen oder grundsätzliche Entscheidungen anstehen.

EINWAND 7

Der Lehrer wird die Zeit nicht dafür geben wollen und/oder die anderen auch nicht. Antwort:

Keine Zeit?

Gewiss, Schule ist nicht Privatunterricht, der sich ganz nach dem Bedürfnis einer einzelnen SchülerIn richtet. Aber die LehrerIn wird sich einem ausdrücklichen Wunsch aus der Gruppe schon fügen und ob die es will, kann man ja durch einfache Frage und Abstimmung feststellen.

EINWAND 8

Nur Gelaber?

Dann löst sich der Unterricht doch in Gelaber auf. Aus Arbeit an der Sache wird Reden über die Arbeit. Da soll doch besser die LehrerIn straff ihren Unterricht durchziehen. Antwort: Das soll sie nach der Verarbeitungspause ruhig weiter so machen, wenn Sie das so wollen. Allerdings sollte deswegen diese Pause von vornherein zeitlich knapp begrenzt und mit Selbstdisziplin genutzt werden.

Übernahme besonderer Parts

Dies ist ein weiterer Weg, sich Selbstständigkeit im Unterricht zu verschaffen. Mit „besonderem Part" ist die **inhaltliche Spezialisierung** auf ein bestimmtes Gebiet (z. B. Geschichte als Hintergrund in fast allen Fächern) oder ein durchgehendes Problem (z. B. Ethik oder Umweltfragen) gemeint. Ein „besonderer Part" kann aber auch sein, gemeinsam oder im Wechsel mit anderen — eine **bestimmte Funktion im Unterricht wahrzunehmen**: Einen kleinen Abschnitt vorbereiten und leiten, als Tutor eine kleine Gruppe moderieren oder anderen helfen. Es können auch zwei oder drei ausgewählte SchülerInnen den **Unterrichtsprozess beobachten** (Wann „läuft" es, wann nicht, warum? Wer, wie viele beteiligt sich woran? ...) und damit eine gemeinsame Unterrichtskritik vorbereiten.

GENERALEINWAND

All das macht ja Arbeit, womöglich **Ärger**. So wichtig ist mir Selbstständigkeit nicht. Das macht den Ratgeber natürlich ratlos: Gewiss kann man den Unterricht auch einfach absitzen und nur auf die Klausuren mal büffeln. Aber gewiss ist auch: Ohne Interesse kein Lernen. Wie aber entwickelt man Interesse? Wege dazu:

— in sich hineinfühlen, was einen auch nur ein bisschen „antörnt" — und das dann nicht gleich wieder zudecken, sondern ihm etwas nachgehen (durch Beobachten, Schauen, Erkunden, Lesen, Reden, ...)
— mit anderen zusammen Ideen entwickeln (sozial geteilte Interessen sind doppelt stabil, verstärken sich gegenseitig immer wieder)
— Unterricht, an dem man aktiv mitmacht, ist auf jeden Fall interessanter als einer, den man nur passiv hinnimmt.

Also: Den Themen und Prozessen eine Chance geben! Und damit sich selbst.

Wie man Interesse entwickeln kann:

Literatur

Schulz, W.: Unterrichtsplanung. München 1980.
Rieck, W.: Teilnehmerorientierte Unterrichtskritik. In: Huber, L. u. a. (Hg.): Auswertung, Rückmeldung, Kritik im Hochschulunterricht. Hamburg 1978, S. 213—224.
Tillmann, K. J.: Brauchen Lehrer Lehrpläne? In: Neue Sammlung 37/1997; 4, S. 585—601.
Pädagogik, Heft 11/1997.

Lerntagebuch

Volker Kullmann

„Das Lerntagebuch ist ein Dokument zum Festhalten von Erfahrungen, Gedanken, Reaktionen, Ideen und Gefühlen, aber auch Interpretationen, Reflexionen und Analysen mehr oder weniger systematischer Art, die der persönlich-professionellen Entwicklung dienen." (M. Schratz)

Klärung des eigenen Lernverhaltens

Mit dem **Aufschreiben von Eindrücken** aus dem Unterricht wird eigenes Lernen angeregt, das zur Klärung von Lernverhalten führt und so das „Lernen des Lernens" unterstützt. Finden Sie heraus, was Ihre Stärken und Schwächen sind und arbeiten Sie daran.

Lerntagebuch führen

Um ein Lerntagebuch zu führen, bedarf es keiner besonderen Methoden oder Formen. Wichtig ist lediglich, dass Sie der Flüchtigkeit Ihrer Erfahrungen ein wenig entgegenwirken, indem Sie sie schriftlich festhalten. Schreiben Sie auf, was Ihnen während eines Schultages bezüglich Ihres Lernens aufgefallen ist, sei es in Form von **Stichworten** oder ausformulierten Sätzen. Was Sie benötigen, ist ein wenig Ausdauer, wobei Sie nicht täglich Notizen zu machen brauchen. Zusammenhänge zwischen Ihrem Lernen und und den jeweiligen Lernsituationen werden Ihnen aber umso deutlicher, je zahlreicher die Notizen sind.

Erfahrungen schriftlich festhalten

Formen des Lerntagebuches

Die auf den nächsten Seiten vorgestellten Formen können Ihnen helfen, Ihre Eindrücke festzuhalten und das Anfangen zu erleichtern. Wählen Sie ganz nach Lust und Laune an einem Tag das eine Blatt, an einem zweiten das andere oder bleiben Sie für einen gewissen Zeitraum bei der Form, die Ihnen am meisten zusagt. Die aufgezeigten Formen können Ihnen helfen, Unterrichtsstunden aus **verschiedenen Blickwinkeln** zu betrachten und dabei herauszufinden, inwiefern unterschiedliche Lernsituationen Ihr Lernverhalten bzw. Ihre Einstellung zu Lernen günstig oder ungünstig beeinflussen.

Form frei wählb

Literatur

Kroeger, M.: Modelle der Selbstsupervision in TZI und TZI-Vorbereitung auf Gruppen/ Stunden. In: Kroeger, M.: Themenzentrierte Seelsorge. Stuttgart 1983, S. 229–258.
Winter, F.: Mit Leistung anders umgehen – das Beispiel Lerntagebuch. In: Huber, L. et al. (Hg.): Lernen über das Abitur hinaus. Seelze 1999, S. 196–207.
Labudde, P.: Zettelwand, Plakat und Lerntagebuch. In: Friedrich Jahresheft „Lernmethoden – Lehrmethoden". Seelze 1997, S. 92–94.

Was ich aus dieser Stunde mit nach Hause nehme ...

Nehmen Sie ein Blatt Papier. Schreiben Sie auf, was für Sie in dieser Stunde in Bezug auf Inhalte, Fragestellungen, Erkenntnisse oder Diskussionsergebnisse wichtig, neu, interessant oder behaltenswert war. Machen Sie sich auch bewusst, inwiefern Sie heute Erfahrungen hinsichtlich Ihres eigenen Lernens bzw. Ihrer Lerneinstellung gemacht haben. In welchen Situationen ist es Ihnen leicht oder schwer gefallen, dem Unterricht zu folgen, sich zu beteiligen, eigene Beiträge einzubringen, nachzufragen, sich in ein Problem zu vertiefen. Welche Rolle spielte dabei der Unterrichtsstil des Lehrenden und das Verhalten der Gruppe? Verzichten Sie auf eine systematische oder gegliederte Auflistung und schreiben Sie ganz assoziativ Ihrem Gedankenstrom folgend, wie es Ihnen in der betreffenden Stunde in Bezug auf Ihr eigenes Lernen erging.

Eindrücke assoziativ aufschreiben

Stärken-Schwächen-Analyse

Was sehe ich als meine Stärken in Bezug auf Lernen an, was als meine Schwächen?
(Was kann ich gut, was heben Lehrer und/oder Mitschüler als positiv in Bezug auf meine Lernvoraussetzungen bzw. mein Lernverhalten hervor, was kann ich nicht so gut?)
Listen Sie alle Fähigkeiten und Eigenschaften auf, die Sie glauben zu besitzen bzw. die andere Ihnen zuschreiben und führen Sie auch scheinbar Unwesentliches auf wie z. B.: Ich kann mich gut auf eine Sache konzentrieren oder: Ich lasse mich leicht ablenken.

Machen Sie diese Auflistung erst einmal ganz allgemein und überlegen Sie dann, inwiefern Sie heute im Unterricht Ihre Stärken eingesetzt haben bzw. wo Ihre Schwächen lagen.
Überlegen Sie, wie Sie in den nächsten Tagen Ihre Stärken, bzw. das, was Ihnen leicht fällt, stärker einsetzen können und was Sie tun können, damit Sie Schwächen abbauen können.
Nehmen Sie sich am nächsten Tag für eine bestimmte Unterrichtsstunde vor, eine Kleinigkeit zu ändern, indem Sie sich z. B. häufiger mündlich beteiligen.

die eigenen Lernfähigkeiten auflisten

Stärken	Schwächen

Ich werde morgen/in der nächsten Stunde

_____

_____

_____

Klärung des eigenen Erlebens von Unterrichtsstunden

Nehmen Sie sich nach der Stunde ein paar Minuten Zeit, um die folgenden Fragen oder auch nur ein bis zwei aus jeder Gruppe für sich zu beantworten.

ICH-Aspekt
— Wie ging es mir mit der Unterrichtsstunde/Kursstunde? (Gefühle, Stimmung, usw.)?
— Wie ging es mir mit Einzelnen in der Gruppe?
— Wie ging es mir mit der Gruppe?
— Wie ging es mir mit dem Thema?
 (interessant, belastend, ergiebig, zäh, …?)

WIR-Aspekt
— Wie habe ich die einzelnen Personen erlebt?
— Wie ging es ihnen mit dem Thema?
— Wie habe ich die Gruppe erlebt?
— Wie wirkte die Atmosphäre, das Klima auf mich?
— Wodurch wurde es entscheidend beeinflusst? (durch welche Personen?)
— Was war das Neue, das Wichtige, das ich aus der Stunde mit nach Hause nahm?

ES-Aspekt
— Wie lautete das Thema genau?
— Wie wirkte es auf mich? Welches Interesse weckte es bei mir?
— Wie wirkte es auf die anderen?
— Welches Interesse brachten die Teilnehmer an dem Thema zum Ausdruck?

Struktur
— Wie war die Struktur in dieser Sitzung? (Arbeitsformen, Zeiteinteilung?)
— War ich gern in dieser Struktur?
— Wie wurde die Struktur von den anderen Teilnehmern erlebt? (hilfreich, lähmend, verunsichernd, anregend?)
— Konnten sie sich gut auf sie einlassen?

Selbstreflexion zum Thema: „Lernen"

Was möchte ich in diesem Kurs lernen?

Was erwarte ich vom Kursleiter, um mit dem Kurs zufrieden zu sein?

Was erwarte ich von den Kursteilnehmern, um mit dem Kurs zufrieden zu sein?

Was erwarte ich von mir in diesem Kurs?

Was verstehe ich unter „Lernen"?

Wie schätze ich meine Lernfähigkeit hinsichtlich Konzentration, Ausdauer, Neugierde, usw. ein?

Wie, glaube ich, schätzen andere meine Lernfähigkeit ein?

Welche Erfahrungen mit Lernen habe ich überwiegend in meinem bisherigen Leben gemacht?

Welche Personen haben mein Lernen und meine Einstellung zu Lernen maßgebend beeinflusst?

Wer waren sie und wie haben sie sich mir gegenüber verhalten?

Wann und wo habe ich in meinem bisherigen Leben schon einmal mit Lust gelernt?

Was brauche ich, um gut lernen zu können? (bezüglich Zeit, Umgebung, Unterstützung, usw.)

Selbsteinschätzung (bezügl. Arbeitsmethoden)

Wann ist mein Interesse und mein Engagement in der Stunde aktiv mitzuarbeiten hoch und wann eher niedrig?

	1 **hoch**	**2**	**3**	**4**	**5** **niedrig**
1. Zuhören bei Vorträgen, Referaten	1	2	3	4	5
2. Erklärungen des Lehrenden	1	2	3	4	5
3. Diskussion, Gespräche untereinander	1	2	3	4	5
4. Unterrichtsgespräch	1	2	3	4	5
5. Individuelle Arbeit, Stillarbeit	1	2	3	4	5
6. Kleingruppen-Arbeit (innerhalb der Kursstunde)	1	2	3	4	5
7. Eigenaktivität, selbst gewählte Aufgaben	1	2	3	4	5
8. Einsatz audio-visueller Hilfsmittel (Overhead-Projektor, Film, Video, Tonträger)	1	2	3	4	5
9. Rollenspiel, szenische Darstellungen	1	2	3	4	5
10. _____	1	2	3	4	5

Selbsteinschätzung (bezüglich der Beteiligung im Unterricht)

Wie schätze ich meine Mitarbeit heute in der ...-Stunde ein? Meine Mitarbeit bestand heute in:

	1 hoch	2	3	4	5 niedrig
1. Konzentrierter Mitarbeit/Mitdenken	1	2	3	4	5
2. Konzentriertem Zuhören	1	2	3	4	5
3. Fragen stellen	1	2	3	4	5
4. Beteiligung am Unterrichtsgespräch	1	2	3	4	5
5. Individueller Arbeit, Stillarbeit	1	2	3	4	5
6. Kleingruppen-Arbeit (innerhalb der Kursstunde)	1	2	3	4	5
7. _____	1	2	3	4	5
8. _____	1	2	3	4	5

Nervosität und Lampenfieber

Volker Kullmann

Es gibt eine Auffassung, die besagt, dass die Ursachen für die Entstehung von Nervosität, Aufregung und Angst nicht in der Gegenwart liegen. Erst die auf die Zukunft gerichtete Frage: „Wie werde ich mit der Aufgabe fertig? Was passiert, wenn ich meine Nervosität nicht in den Griff bekomme? Wie stehe ich am Ende da?", lassen Angstgefühle entstehen. Häufig stellen sich dann Befürchtungen ein, z. B. beim Vortrag eines Referats stecken zu bleiben oder auf Nachfragen keine Antwort geben zu können.

Angst vor zukünftigem Versagen

Bedeutung des Lampenfiebers

Lampenfieber lässt sich leichter begegnen, wenn man sich klarmacht, dass es sich um eine ihrem Wesen nach physiologisch sinnvolle Anpassungsreaktion des Körpers auf zu erwartende, **erhöhte Leistungsanforderungen** handelt. Schon bei unseren frühen Vorfahren wurde diese bei Gefahr ausgelöst und führte zu einer erhöhten Kampf- bzw. Verteidigungsbereitschaft. Heute führen wir eine solche Anpassungsreaktion, die einhergeht mit Erhöhung der **Herz- und Atemfrequenz** und vermehrter Ausschüttung von **Adrenalin**, in der Regel nicht motorisch ab und nehmen Aufregung daher als unangenehme Körperreaktion wahr. Vorteil dabei ist jedoch, dass körperliche und geistige Reaktionsgeschwindigkeiten erhöht sowie Fähigkeiten und Energien mobilisiert werden.

Lampenfieber als physiologische Anpassungsreaktion des Körpers

Von Bühnenkünstlern (Schauspielern, Sängern, usw.) ist immer wieder zu hören, dass sich bei ihnen selbst nach jahrelanger Bühnentätigkeit Abend für Abend **Lampenfieber** einstellt und erst dann schwindet, wenn sie in Kontakt mit der Rolle und mit dem Publikum sind. So unangenehm dieses Lampenfieber auch für die betreffende Person sein mag, hat es auch wichtige Funktionen.

Mobilisierung Energien

Nervosität, Aufregung und die Angst vor Versagen entziehen sich ebenso der willensmäßigen Beeinflussung wie das Einschlafen. Sie nehmen im Gegenteil in dem Maße zu, in dem versucht wird, sie nicht zu zeigen. Der amerikanische Kommunikationsforscher Watzlawick bezeichnet das Phänomen als die „sich selbst zunichte machende Anwendung der Willenskraft".

entzieht sich der willentliche Beeinflussung

Angst vor öffentlichem Sprechen

„Ein gutes Beispiel dafür ist die Angst vor öffentlichem Sprechen. Was der Betreffende am meisten fürchtet ist, dass er seine Nervosität nicht werde meistern können und sie ihn schließlich vor seinen Zuhörern überwältigen wird. Seine Lösungsversuche laufen daher vor allem auf Selbstbeherrschung und Verheimlichung hinaus: er versucht, sich „Zusammenzunehmen" und das Zittern seiner Hände zu verbergen, mit klarer, fester Stimme zu sprechen, entspannt zu erscheinen usw. Je nervöser er wird, desto mehr nimmt er sich zusammen und je mehr er sich zusammennimmt, desto nervöser wird er. Obwohl ‚es' noch nie passiert ist, ‚weiß' er, dass es das nächste Mal passieren wird, und er kann sich die bedauernswerte Blamage in allen Einzelheiten vorstellen." (Watzlawick, P./Weakland, J. H. 1992)

Abbau von Nervosität und Lampenfieber

MÖGLICHKEIT 1

Es könnte sein, dass Sie sehr **hohe Erwartungen** an sich und Ihren Vortrag haben. Vielleicht sind Sie der Ansicht, alle Zuhörer müssten Ihren Vortrag oder Beitrag interessant und spannend finden. Reduzieren Sie diese (übergroße) Selbsterwartung und geben Sie sich mit weniger zufrieden. Versuchen Sie es einmal mit der folgenden Einstellung: Ruth Cohn, die Begründerin der Themenzentrierten Interaktion (TZI) fand ein Mittel zur Verringerung von Aufregung und übergroßen Erwartungen, indem sie sich sagte:

20 % werden mich bzw. meinen Vortrag/Beitrag interessant finden,

20 % werden mich bzw. meinen Vortrag/Beitrag uninteressant finden,

60 % werden mir bzw. meinem Vortrag/Beitrag gegenüber gleichgültig bleiben und sich erst sehr viel später dem einen oder anderen Lager zuordnen.

MÖGLICHKEIT 2

Vermeiden Sie alle Formen der Selbstbeobachtung und Selbstbespiegelung während Ihres Vortrags.

Vermeiden Sie vor allem, Ihren Vortrag selbst zu bewerten bzw. Vermutungen anzustellen, wie Ihre Zuhörer Ihren Beitrag/Vortrag finden könnten, während Sie den Vortrag halten.

Richten Sie Ihre Aufmerksamkeit nach außen und **beobachten Sie Ihre Umgebung** und die Menschen in Ihrer Umgebung.

AUFGABE

Statt zu interpretieren, dass alle Anwesenden Sie anschauen und nun umso intensiver in Ihr Manuskript zu schauen, damit Sie nicht den Faden verlieren, schauen Sie sich die Menschen einmal genau an, vergewissern Sie sich z. B. über Folgendes:

„Wer schaut in meine Richtung?"

„Wer nimmt mit mir Blickkontakt auf und wer nicht?"

Mit großer Wahrscheinlichkeit gibt es viel weniger Personen, die Sie anschauen, als Sie angenommen haben. Möglicherweise werden Sie auch feststellen, dass es gar nicht so unangenehm ist, wenn Teilnehmer mit Ihnen Blickkontakt aufnehmen und dass Ihre Vermutung, dass die Blicke streng und kritisch sind, ebenso wenig zutrifft.

Selbsterwartung reduzieren

Selbstbewertung vermeiden

die eigenen Befürchtungen überprüfen

Drehen Sie den Spieß um: anstatt sich beobachtet zu fühlen und Ihre Wahrnehmung auf sich zu richten, nehmen Sie Ihre Zuhörer wahr und die Umgebung (Beschaffenheit des Raumes, Sitzordnung, usw.):
„Wie viele Brillenträger, blonde bzw. schwarzhaarige Zuhörer gibt es im Raum oder Männer und Frauen?"
„Wen von den Zuhörern finde ich (besonders) interessant?" und: „Wie wirkt der Raum von meiner Position aus auf mich?"
Ihre Aufregung wird sich legen, weil Sie nun **in Kontakt mit Ihren Zuhörern sind.**

MÖGLICHKEIT 3

— Nehmen Sie Ihre Befindlichkeit wahr und versuchen Sie nicht, Ihre Aufregung zu verheimlichen:
Nehmen Sie wahr, was ist: z. B. Ihre Aufregung, Ihr Herzklopfen, Ihre feuchten Hände, Ihren trockenen Hals.
— Gestehen Sie sich selbst Ihre Nervosität, Ihre Aufregung ein: „Ja, ich bin im Moment schon etwas aufgeregt. Das ist auch ganz verständlich, es geht ja hier schließlich um einiges. Ich möchte vor den hier Versammelten (Kursteilnehmern, Gruppenmitgliedern) einen guten Eindruck machen."
— Machen Sie sich das physiologisch Sinnvolle des Vorgangs deutlich.
— Unterstützen Sie sich selbst, machen Sie sich Mut: „Ich habe mich gut vorbereitet — ich werde das schon schaffen." („Und wenn es nicht so toll wird, wird die Welt auch nicht untergehen.")

Aufgeregtheit wahrnehmen und zulassen

— Eine weitere Möglichkeit mit Nervosität umzugehen, die ich aber ganz bewusst an letzter Stelle nenne, besteht in dem so genannten **„Schubkarren"-Prinzip**: das Problem vor sich hertragen, den anderen deutlich machen, d. h. ansprechen. Den Zuhörern zum Beispiel zu sagen: „Ich bin jetzt schon ein wenig nervös, hoffe aber doch sehr, dass es mir gelingen wird, euch den Sachverhalt einigermaßen ruhig und klar darstellen zu können.", setzt schon ein beträchtliches Maß an innerer Sicherheit — und Mut — voraus. Die Wirkung ist in aller Regel jedoch sehr befreiend, nach dem Motto: „Tue das, wovor du Angst hast, und nicht du wirst sterben, sondern deine Angst."

MÖGLICHKEIT 4

Autogenes Training (mit Vorsatzbildung). Diese Methode erfordert ein intensiveres Training über mindestens einige Wochen.
Wenn Sie die verschiedenen Übungen — Schwere (mein rechter Arm ist ganz schwer), Wärme (mein rechter Arm ist ganz warm), Ruhe (ich bin ganz ruhig), mein Herz schlägt ruhig und regelmäßig, mein Atem ist ruhig und regelmäßig, Sonnengeflecht strömend warm, Stirn angenehm kühl — beherrschen, wählen Sie eine kurze, prägnante Formulierung (Vorsatz), die positiv formuliert sein muss und keine Verneinung enthalten darf und sprechen Sie diesen Vorsatz laut oder nur innerlich, wenn Sie den Zustand der autogenen Entspannung erreicht haben.

Entspannungsübungen mache

Der Vorsatz könnte z. B. lauten: „Ich bin beim Vortrag ruhig und gelassen."

Organisatorischer Rahmen

Eine weitere Möglichkeit, Aufregung und Nervosität vor einem Referat oder Vortrag zu reduzieren oder gering zu halten, betrifft organisatorische Gesichtspunkte: Gehen Sie sehr rechtzeitig in den **Vortragsraum** und treffen Sie sehr früh Ihre Vorbereitungen, ordnen Sie Ihren Platz und evtl. die **Stühle** im Raum, zumindest aber die in Ihrer nächsten Umgebung so, wie Sie sie gern hätten. Überlassen Sie nichts dem Zufall. Überprüfen Sie die **Geräte**, falls Sie welche einsetzen werden, und legen Sie all das bereit, was Sie für Ihren Vortrag benötigen: Ihr **Manuskript, Stifte, Kreide, Flip-charts**, usw., bis hin evtl. zu einem Glas Wasser.

Nun sind Sie wirklich gut vorbereitet und können dem Vortrag gelassen entgegensehen!

Literatur

Tepperwein, K.: Die hohe Schule der Hypnose. Genf 1977.
Watzlawick, P./Weakland, J. H.: Lösungen. Bern, Göttingen, Toronto 1992.

Vorbereitungen treffen